# 家庭とつながる！

# 新食育ブック

④食の自立

# 本書の特色

本書はたよりで家庭に伝えたい内容をまとめた文例つきイラストカット集です。
大好評の「食育ブック」シリーズをパワーアップさせた内容で、書きかえ可能なテキストデータを収録してさらに使いやすくなりました。先生方のたよりづくりをサポートします！

## ☆ 家庭に伝えたい内容を掲載

保護者の方や子どもがさまざまな文例を通して、家族みんなで「食」に興味を持ち、食に関する正しい知識や実践力を身につけられるような内容を取り上げています。

## ☆ たよりにすぐ使える8テーマを掲載

「食事をつくる力」「中食・外食を選ぶ力」「食の安全」「成長期に大切な栄養素」「学力と食」「食への感謝」「情報と食」「防災と食」の8つのテーマを取り上げています。

## ☆ イラスト（カラー・モノクロ）はかき下ろし！

本書に掲載されているイラストはすべて本書のためのかき下ろしです。DVD-ROMには、すべてのイラストのカラーとモノクロが収録されています。

## ☆ すべて書きかえ可能なテキストデータを収録

書きかえ可能なテキストデータを収録しているので、学校や地域に合わせた内容にすることができます。また、そのまま印刷することもでき、手軽におたよりがつくれます！

## ☆ 「月別おたより1年間」を掲載

8つのテーマの文例つきイラストカットなどを使った「月別おたより1年間」を掲載。各月に「給食だより」（A4判・縦）と「食育だより」（B4判・横）の2種類を掲載しました。

## ☆ 「食育パズル」を収録

ヒントを参考に、□に言葉を入れて文章を完成させる「食育パズル」を掲載。DVD-ROMにはカラー、モノクロ、ルビなし、ルビあり版を収録。詳しくはp.72をご覧ください。

# 本書の見方

## 文例つきイラストカット

各テーマにたよりの書き出し文やミニまんが、Q＆Aなどのさまざまな場面で使える文例を掲載しています。

おたよりの
書き出し文に

各テーマの内容に
沿った文例

各テーマに１つ以上
ミニまんがを掲載

Q＆A

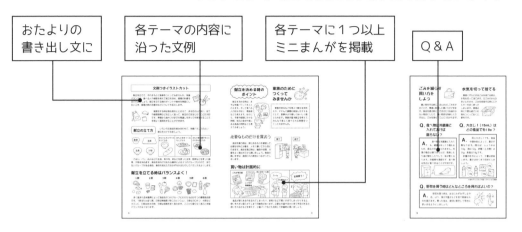

---

## １つの文例つきイラストカットに７種類のデータが入っています

地場産物を食べて
# 地産地消！

地域で生産された食材をその地域で消費することを地産地消といいます。生産者の顔が見えるので安心して買えます。また、遠くから輸送しないので、新鮮な状態で手に入り、環境への負担も減らせます。

| カラー | モノクロ |
|---|---|
| ①ルビなし（jpg版） | ④ルビなし（jpg版） |
| ②ルビあり（jpg版） | ⑤ルビあり（jpg版） |
| ③イラストカット（png版） | ⑥イラストカット（png版） |
| | ⑦テキスト |

---

## 月別おたより１年間

各月、「給食だより」（A４判・縦）と「食育だより」（B４判・横）の２種類を掲載しています。DVD-ROM内には、pdf版とWord版などを収録しています。

※Wordはお使いのOSやバージョンによって、レイアウトがくずれることがあります。

A４判・縦

B４判・横

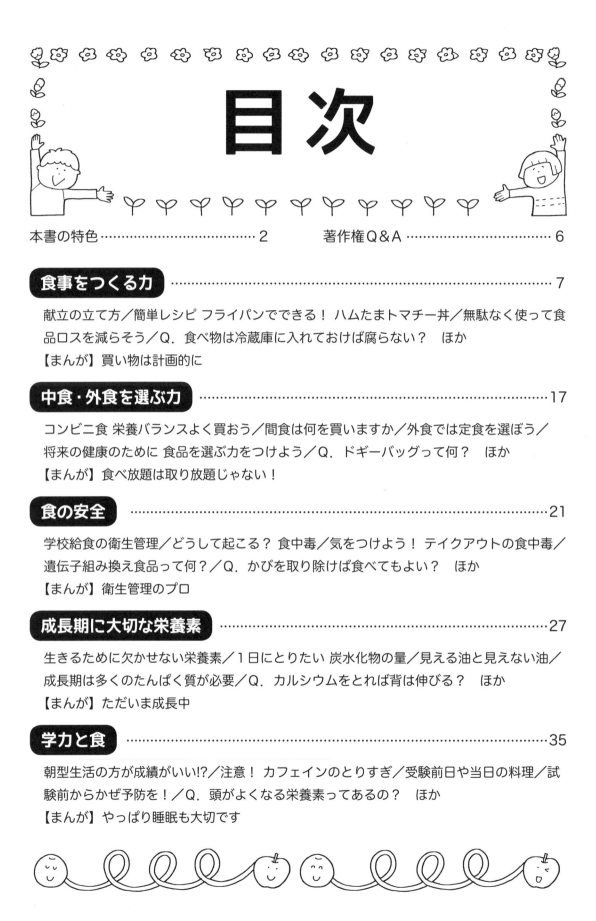

# 目次

## 著作権 Q&A

本書の文例つきイラストカットなどは、おたよりはもちろん、学校現場のさまざまな場面でご活用いただけます。ただし、ご使用にあたって気をつけていただきたいのが、著作権です。ここでは、Q&A形式でよくある事例をご紹介していきます。

---

**Q. イラストカットを使ったたよりを学校のホームページ（HP）にのせてもよい？**

A. 学校で配布している給食だよりなどをそのままHPにのせたり、ダウンロードできる状態で掲載したりすることは問題ありません。ただし、pdfファイルにするなど、イラストカットなどが取り出せない形にしていただくようにお願いいたします。

---

**Q. 文例つきイラストカットを使った市民向けのたよりをつくりたい。また、このたよりを市のHPでダウンロードできるようにしてもよい？**

A. 学校外での使用の場合、出典元を明記し、「転載使用申請書」（少年写真新聞社規定の様式）をご提出いただいています。また、HPにダウンロードできる状態で掲載する場合、pdfファイルにするなど、イラストカットなどが取り出せない形にしていただくようにお願いいたします。

---

**Q. 授業のワークシートにイラストカットを使ってもよい？**

A. 校内の児童生徒向けの授業での使用であれば、ご自由にお使いいただけます。ただし、研究授業などでほかの学校・施設の方もご覧になる場合は出典元を明記し、「転載使用申請書」（少年写真新聞社規定の様式）をご提出いただいています。

---

**Q. 試食会で使用するPowerPointで作成した資料にイラストカットを使ってもよい？　また、このデータを市内の栄養士に配布してもよい？**

A. 校内の保護者向けの試食会での使用であれば、ご自由にお使いいただけます。ただし、そのデータを学校外のほかの方に配布することは、お断りしています。

---

**Q. 学校給食展のパネル展示にイラストカットを使ってもよい？**

A. 出典元を明記し、「転載使用申請書」（少年写真新聞社規定の様式）をご提出いただければ、ご使用いただけます。

---

転載使用申請や、本書に関して、ご不明の点がございましたら、お気軽にお問い合わせください

少年写真新聞社『給食ニュース』編集部　FAX 03-3264-2674

食事を
つくる力

# 文例つきイラストカット

献立を立てて、それをもとに食事をつくってみませんか。栄養バランスや、食べる人や場面を考えて献立を決め、調理の計画を立ててみましょう。献立を立てる時のポイントや食材を無駄にしない工夫、調理の時の注意点などについてお伝えします。

調理をする時は身支度をととのえて、手を石けんで洗い、包丁や調理器具などを正しく扱って、衛生的で安全に行うことが大切です。準備から後片づけまでの見通しを持って作業をすることで、手際よく調理をすることができます。

## 献立の立て方

いろいろな食品を組み合わせて、栄養バランスのよい献立を立ててみましょう。

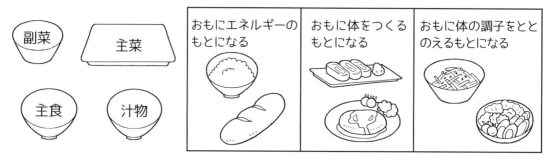

| 副菜 | 主菜 | おもにエネルギーのもとになる | おもに体をつくるもとになる | おもに体の調子をととのえるもとになる |
| 主食 | 汁物 | | | |

ごはん、パン、めんなどの主食、魚や肉、卵などを使った主菜、野菜などを使った副菜、汁物を決めます。食品を体内でのおもな働きによる3つのグループにわけ、足りないグループがある場合は、食品を加えたりおかずをかえたりしてバランスをよくします。

# 献立を立てる時はバランスよく！

| 1群 | 2群 | 3群 | 4群 | 5群 | 6群 |

多く含まれる栄養素によって食品を6つのグループにわけたものが6つの基礎食品群です。1群はたんぱく質、2群は無機質（特にカルシウム）、3群はカロテン、4群はビタミンC、5群は炭水化物、6群は脂質を多く含みます。ここから偏りなく選ぶと栄養バランスがよくなります。

## 献立を決める時のポイント

## 家族のためにつくってみませんか

献立を決める時は、まずは栄養バランスをととのえます。そして食べる人の好みや彩り、季節感なども考えます。ほかにも、予算や調理にかかる時間、地元の食材や家にある食品の利用なども考えてみましょう。

家族の好みなどを考えて献立を決めたり、すすんで調理に参加したりすることで、食事がより楽しくおいしく感じられます。家族が喜ぶ献立を考えて、みんなで楽しく食べられる料理をつくってみませんか。

## 必要なものだけを買おう

食品を買う時は、家にあるものを確認して、必要な材料と分量をメモに書いてから店に行きます。食品を選ぶ時は、値段や品質、分量をよく確かめてから買いましょう。

食品の買いすぎは、食品ロスの発生につながってしまいます。

家で　店で

## 買い物は計画的に

これが地元産　あとはセール品　新鮮朝どれ…　有機..　こっちが有機栽培　うん、うん

うーん　どれ買うの？

全部買う！　いらないから

食品が家にあるのを忘れてしまったり、安売りなどで買いすぎてしまったりすると、使いきれずに腐らせてしまう可能性があります。必要な分量やほかに使う予定があるか、使いきれるかなどを考えて、少量パックなども活用して計画的に買いましょう。

## 表示を確認 あなたはどれを買う？

A　地場産
　　1/4個

B　外国産
　　1/4個

C　有機栽培
　　1個

D　冷凍食品
　　1袋

食品を買う時は、品質や分量、価格、産地などを確認し、売り場や商品についている表示をチェックします。また、予算はどれくらいか、最後まで使いきれる量か、無駄な包装はないかなども確かめて、よく考えて選ぶことが大切です。

## 衛生的な服装を

・清潔なエプロンと
　三角巾をつける
・長い髪は束ねておく
・つめを短く切る
・手を石けんで洗う
・マスクをする
・長い袖はまくっておく
・ハンカチやタオルを
　用意する
・足元はすべりにくい
　ものを履く

## こまめな手洗いを！

手はさまざまなものに触れるので、細菌やウイルスなどがついていることがあります。食中毒を防ぐために、次のような時はこまめに石けんを使って手を洗いましょう。

・調理を始める前
・生の魚や肉、卵などに触る前と後
・トイレの後
・配ぜん前
・食事の前と後

## レシピでよく見る用語

レシピによく出てくる用語の中で、似ているけれど違いがわからないものはありませんか？　意味を覚えておくと調理中に迷わなくて済みます。

（かぶるくらい）

食材が完全に
浸る量

（ひたひた）

食材の上の部分が少し出る量

（たっぷり）

食材の高さの
2倍くらいの量

（ひとつまみ）

親指と人差し指、
中指でつまんだ量

（少々）
親指と人差し指で
つまんだ量

（ぐらぐら）

食材が動くくらい
激しく煮立っている

（ふつふつ）

食材が少し動く程度に煮えている

## 包丁を使う時の注意

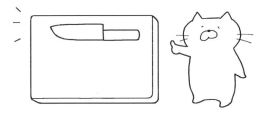

けがを防ぐために、包丁の扱いは注意が必要です。包丁を置く時は、刃を向こう側に向けて安定したところに置きます。人に渡す時は台の上に置き、使わない時はすぐに洗って、もとの場所に戻します。持ち運ぶ時はバットなどに入れましょう。

## 包丁の持ち方

右きき

みね

刃

柄

左きき

包丁を持つ時は、柄をしっかりと持ちます。この時、人差し指を伸ばして、みねにそわせてもよいです。

## まな板がすべらない一工夫

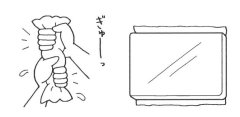

ぎゅーっ

まな板の下に、まな板用のすべり止めや、ぬらしてしぼったふきんを敷くと、すべりにくくなります。

## まな板からの感染を防ぐ

ひぇーっ

魚や肉を切ったまな板には、細菌やウイルスがついている可能性があります。そのまま別の食材を切ると、その食材にも細菌やウイルスがつきます。食中毒予防のためには、まな板を使いわけるか、その都度きれいに洗いましょう。

---

## おいしく調理するために 正しく計量しよう

おいしく調理するためには、材料や調味料を正しく計量することが大切です。

上皿自動ばかり

デジタルばかり

計量カップ
（200mL）

計量スプーン
（15mL、5mL、すり切りべら）

### 大さじ1杯のはかり方

粉末　山盛りにすくってすり切る

液体　液面が盛り上がるくらい

---

# 火を使う時の注意

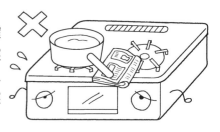

　火を使う時は、周りに燃えやすいものがないかを確認して、必ず換気を行います。点火したら、火が確実についたかを確かめて、火がついている間は立ち消えやふきこぼれに注意します。使い終わった後は、確実にガス栓を閉めます。

## 火加減をチェックしよう

　横から見て、炎の大きさを確かめながら調節します。この時、鍋底から炎が出ないようにしましょう。

強火

中火

弱火

強火：鍋底全体に火が
　　　当たる程度
中火：火の先が鍋底に
　　　当たる程度
弱火：鍋底に火が当た
　　　らない程度

### IHクッキングヒーターって何？

　電気の力で鍋自体が発熱します。炎がないので、立ち消えの心配がありません。
　ステンレスなどの磁石にくっつく材質で底が平らな鍋が使えます。アルミなどの材質や丸い底の鍋は使えないことがあるので、購入時は表示を確認しましょう。

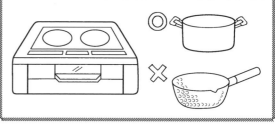

### IHクッキングヒーターでも
## やけどに注意

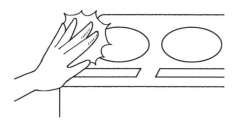

　IHクッキングヒーターは、電気の力で鍋が熱くなるので、火は使いません。しかし、使用中・使用後は、トッププレート（ガラス部分）が熱くなり、やけどをする危険があるので、注意が必要です。

# 電子レンジを使う時のポイント

　電子レンジは、マイクロ波という電波によって水分を振動させて、食品を温めます。使う時のポイントを知って安全に使用しましょう。

・庫内から取り出す時、容器が熱くなっているので鍋つかみなどを使う。
・卵などの殻つきの食品は、破裂する危険性があるので使用しない。
・事前に使える食器かどうかを確認する（金属製や木製、漆器などは使えない）。

# 食品に合った方法で保存しましょう

食品によって保存に適した温度は異なります。保存の方法を誤ると、乾燥したり腐ったりして食品ロスの原因になります。卵や牛乳、一般の食品などは冷蔵庫の冷蔵室（約3〜5℃）、魚や肉などはチルド室（約-1〜2℃）、野菜などは野菜室（約5〜10℃）、いもや乾物などは冷暗所に保存します。加工食品は包装に保存方法が書いてあるので、必ず確認しましょう。生鮮食品や開封後の加工食品は、早めに使いきるようにします。

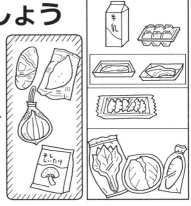

## 低温障害とは

バナナなどの熱帯の果物や、なすなどの夏野菜を冷蔵すると、「低温障害」が起こり、変色したり水っぽくなったりします。低温障害を起こしやすい食材は、梅雨時や夏を除いて、常温保存が適しています。

## 注意 調理中のけが

調理は刃物やこんろを使うので、けがをしないように安全に気をつけて行います。よそ見をしたりふざけたりしてはいけません。もし、けがをしてしまった時は、すぐにおとなに知らせましょう。

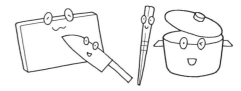

## 応急手当 手を切った時

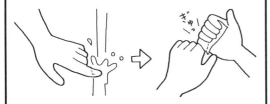

流水で洗い、汚れを落とします。清潔なガーゼなどで覆って傷口を圧迫して止血をし、ばんそうこうなどを使って保護します。傷が深い場合は、傷口を心臓より上に上げます。けがをしたことは必ずおとなに知らせて、傷の程度によっては医療機関を受診します。

## 応急手当 やけどをした時

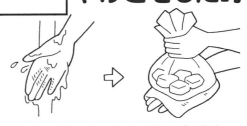

すぐに流水で痛みがやわらぐまで（服を着ている時は服の上から）冷やします。そして、冷やしたタオルを当てて、その上から氷のうなどで冷やし続けます。やけどをしたことは必ずおとなに知らせて、やけどの程度によっては医療機関を受診します。

## 炊飯器で米を炊く

使う器具：計量カップ（1合180mL）／
　　　　　ボウル／ざる

①米用の計量カップに米を入れて、すり切りにしてはかる。この時、押さえつけたり揺すったりしない。
②ボウルに米とたっぷりの水を入れて、軽くかき混ぜたらすぐに水を捨てる。軽く混ぜながら、3〜4回水をかえて洗う。
③ざるに取って水を切る。
④炊飯器の内釜に米と、米の分量の目盛りに合わせて水を入れる。
⑤スイッチを入れて、炊けたらすぐにかき混ぜる。

※多くの炊飯器の普通炊きは、吸水や蒸らしの時間も含んでいるので、すぐに炊飯を始めたり炊き上がった後にすぐ食べたりできます。

●電子レンジで簡単おかず●

# キャベツナ<br>レンジ蒸し

①キャベツ2枚をざく切りにする。ツナ缶は汁気を切っておく。
②①を耐熱ボウルに入れてよく混ぜる。ラップフィルムをかけて、電子レンジ（500W）で2分30秒加熱する。
③②とマヨネーズ小さじ1、しょうゆ小さじ1/2をよく混ぜる。

※電子レンジは機種によって加熱時間が異なることがあります。
※レンジから取り出す時は熱いので、やけどに注意しましょう。

---

**簡単レシピ**　フライパンでできる！　**ハムたまトマチー丼**

①レタス2枚を一口大にちぎる。ミニトマト3個のへたを取り、半分に切る。ハム2枚、スライスチーズ1枚を1cm角に切る。
②卵1個をボウルに割り、よくときほぐす。フライパンに油小さじ1を熱して卵を入れ、木べらで大きく混ぜながら焼く。
③②が半熟状になったら、①としょうゆ小さじ1、塩こしょう少々を入れて、レタスやミニトマトに軽く火が通るまで炒める。
④丼にごはんをよそい、その上に③を盛る。

---

**簡単レシピ**　火を使わずにできる！　**さば缶豆乳うどん**

①冷凍うどんをパッケージのつくり方のとおりに解凍する。
②さば缶は汁気を切ってから身を軽くほぐしておく。トマト1/2個ときゅうり1/3本を1cm角に切る。
③豆乳120mL、めんつゆ（三倍濃縮）小さじ1/2とごま油小さじ1を混ぜ合わせておく。
④器に①と②を盛り、③を回しかけて白ごまを適量かける。

## 無駄なく使って食品ロスを減らそう

食品ロスとは、食べられるのに捨てられてしまう食品のことをいいます。家庭から出る食品ロスには、皮のむきすぎなどがあります。食べられる部分まで除きすぎないようにしましょう。また、食べられる量の料理をつくり、食材を上手に使いきることが大切です。

## 片づけまでが調理です！

次に使う時も気持ちよく調理ができるように、後片づけをすることが大切です。調理器具や食器の洗浄・消毒、調理台の掃除、ごみの始末などを、最後までしっかり行います。また、油などの汚れは洗う前にふき取ったり、水を流しっぱなしにしないようにしたりして、環境のことを考えて片づけるようにしましょう。

## 節水を心がけましょう

食器や調理器具を洗う時は、水と洗剤の量が少なくなるように工夫します。水はおけなどにためて、流しっぱなしにしないようにします。油などの汚れは、いらない布などで先にふいて、汚れの少ないものから洗います。

## ○○○ 包丁の洗い方 ○○○

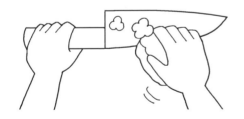

包丁を洗う時は、けがをしないように気をつけます。

包丁を流しの底やまな板などに置いて、洗剤を泡立てたスポンジで片面ずつ洗います。柄の部分も忘れずに洗います。水で流したらよくふいて水気を取り、決められた場所に片づけます。

## 洗ったら乾かす＆消毒

食器や調理器具を洗った後は、よく乾かしましょう。まな板やふきんなどは日光に当てて乾かします。時々漂白剤や熱湯を使って殺菌・消毒しましょう。食器や鍋、包丁などは、布でよくふいて水気を取ります。しっかりと乾かしたら、決められた場所に片づけます。

## ごみを減らす買い方をしよう

　買い物をする時に、ほんの少し工夫をすることで、環境に配慮した買い方ができます。食品を選ぶ時に、できるだけ包装の少ない商品にしたり、買い物袋を持参したりすると、ごみを減らすことにつながります。

## 水気を切って捨てる

　調理くずなどの生ごみを捨てる時は、水気を切って捨てます。生ごみの水分が多いとその分、ごみを処理する時にエネルギーを多く使ってしまいます。調理の時に不要な紙で入れ物をつくっておくと、便利です。

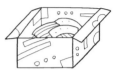

## Q. 食べ物は冷蔵庫に入れておけば腐らない？

**A.** 　食べ物を冷蔵庫に入れても、細菌はゆっくり増えるため、腐るのを止められません。冷凍の場合は腐りませんが、乾燥したり油が酸化したりして、味が悪くなります。冷蔵庫を過信せず、食べ物は早めに食べきることが大切です。

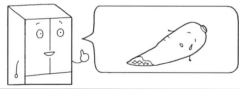

## Q. 大さじ1（15mL）はどの食品でも15g？

**A.** 　同じ大さじ1でも、食品や調味料によって、重さが異なります。例えば、しょうゆは18g、油は12g、砂糖（上白糖）は9g、食塩は18gです。

　計量の仕方によって、分量は前後します。重さはあくまで目安にしましょう。

※2017年1月女子栄養大学による実測値

## Q. 野菜を買う時はどんなところを見ればよいの？

**A.** 　野菜を買う時は、おもにみずみずしさや色、はり、弾力や重さなどを見て新鮮なものを選びます。買った後は、適切に保存して早めに使いきるようにしましょう。

中食・外食を
選ぶ力

## 文例つきイラストカット

コンビニなどで買った料理を自宅で食べることを中食といいます。総菜や弁当などを買う時は、好きなものばかりを買うのではなく、栄養バランスを考えることが大切です。選ぶ時のポイントを知り、また、栄養成分などの表示を確認しながら選びましょう。

調理済み食品や外食は、手軽に利用できるものです。みなさんは選ぶ時に、何を目安にしていますか？　手軽だからこそ、選ぶ時にいろいろと気をつけてほしいことがあります。将来の健康のためにも、食品を選ぶ力を身につけましょう。

## コンビニ食 栄養バランスよく買おう

コンビニなどで食事を買う時にも、栄養バランスをととのえることが大切です。弁当に野菜の総菜を追加したり、いろいろな料理を組み合わせたりして、主食・主菜・副菜をそろえるようにしましょう。「主食だけ」「主菜が揚げ物ばかり」「野菜が少ない」などにならないようにします。

〈購入例〉

①　主食（おにぎり）＋主菜（ソーセージ）＋副菜（青菜のごまあえ）

②　主食（サンドイッチ）＋主菜（蒸しどり）＋副菜（サラダ）

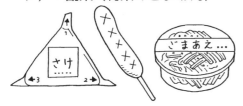

## 昼ごはんを買う時のポイント

コンビニやスーパーなどで昼ごはんを買う時は、栄養成分表示を活用します。エネルギーや脂質量、食塩相当量などを確認して、とりすぎたり不足したりしないように注意します。また、主食・主菜・副菜をそろえて栄養バランスをととのえることも大切です。揚げ物が多かったり、野菜が少なかったりしないように組み合わせます。

# 「手前から買う！」で食品ロスを減らそう

　食品ロスは、食べられるのに捨てられてしまう食品のことをいいます。調理や食べる時だけではなく、食品を買う時から食品ロスを削減するためにできることがあります。食品を買う時、期限が長いものから取ると、期限が短いものが残り、それが食品ロスにつながってしまいます。奥の方から取るのではなく、手前から買うようにします。

## 間食を選ぶ時は表示をチェック

　市販の菓子は、原材料名や栄養成分などが書いてあるので、エネルギー量や脂質、塩分量などを確認します。脂質などのとりすぎは、肥満や生活習慣病などの原因になるので、注意が必要です。

## 間食は何を買いますか

　甘いものやスナック菓子、清涼飲料などが多いと、糖分や脂質のとりすぎになります。カルシウムや鉄などの不足しがちな栄養素がとれるものを選びましょう。

# 食べ放題は取り放題じゃない！

　料理を自分で選ぶ「食べ放題」であっても、食べきれないほどたくさんの量を取ってはいけません。食べられる分だけを皿に取ります。また、主食・主菜・副菜（汁物を含む）をそろえて、栄養バランスがよくなるように料理を選ぶことが大切です。

どっちを選ぶ？

## ファストフードのメニュー

A   B

・ハンバーガー ・ハンバーガー
・フライドポテト ・サラダ
・炭酸飲料  ・お茶

　Aのメニューは炭水化物や脂質、塩分が多くなってしまいます。ファストフードを利用する時は、Bのように、フライドポテトをサラダにしたり、ドリンクを炭酸飲料ではなく、お茶や牛乳、野菜ジュースにしたりすると、ビタミンや無機質を補うことができます。

# ファストフード
# とりすぎに注意しよう

　ファストフードを多く利用すると、塩分や脂質のとりすぎにつながります。組み合わせを工夫したり、利用は控えめにしたりしましょう。

# 外食では定食を選ぼう

　定食は、主食・主菜・副菜・汁物がそろっていることが多く、栄養バランスがととのいやすくなります。単品を組み合わせる場合も、主食・主菜・副菜がそろうように選びます。

## 将来の健康のために　食品を選ぶ力をつけよう

　健康な生活を送るためには、規則正しい食生活が欠かせません。栄養素のとりすぎや不足を避け、栄養バランスをととのえて、正しい知識と情報に基づいて、自分で判断して食品を選ぶ力を身につけましょう。

# Q. ドギーバッグって何？

**A.**　ドギーバッグとは、飲食店で食べきれなかった分を持ち帰る行為やその入れ物のことです。飲食店での食べ残しは、そのまま食品ロスになってしまいます。持ち帰ることで食品ロスの削減につながります。持ち帰る時は店の人に確認をしてから、自己責任で行いましょう。

食の安全

# 文例つきイラストカット

食べられるものが「絶対に安全」とは限りません。例えばじゃがいもの芽や緑色に変色した部分には、吐き気や腹痛を起こすソラニンなどの天然毒素がありますが、その部分を取り除くと食べられます。食品の安全は、食べる量や毒性によってもかわります。

近年、食品中の放射性物質の問題、大規模な食中毒事件の発生など、食の安全をめぐって多くの課題が生じています。
　自分や家族の健康を守るためにも、食の安全について関心を持つことが大切です。

学校給食の衛生管理は「学校給食衛生管理基準」（学校給食法第九条）に基づいて行われています。調理工程はもとより、配ぜん室や教室などの環境や、給食当番活動などにおいてもさまざまな配慮を行い、安全で安心な給食を提供します。

## 学校給食の衛生管理

学校給食をつくる時は、食中毒防止のために、衛生管理を徹底して行っています。清潔な施設、調理機器、服装、手洗い、食品の取り扱いなど、さまざまなことに注意を払っています。

### 清潔な服装

調理員は、せきから飛ぶだ液や髪の毛などが料理に入らないように清潔なマスク、帽子、調理衣などを着用しています。

### 手洗いの徹底

作業前は、個人専用のつめブラシなどを使ってつめの間も念入りに洗います。作業中もこまめに手洗いをしています。

### エプロンなどの使いわけ

汚染防止のために、作業の内容によって、エプロンや手袋、履物などを使いわけています。

### 適切な温度管理

加熱する食品は、中心部が75℃で1分間以上（二枚貝などは85〜90℃で90秒間以上）になるようにしています。

# どうして起こる？　食中毒

食中毒は、細菌やウイルスなどに汚染された食品を食べることで感染し、おう吐、腹痛、下痢、発熱などを引き起こします。

〈食中毒が発生するおもな原因〉

| 傷がある手で調理したもの | 加熱が不十分な肉 | 室温で長時間放置した料理 | ウイルスに汚染された二枚貝 |
| --- | --- | --- | --- |
|  | 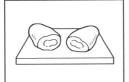 |  | 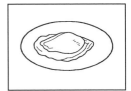 |

## 食中毒を防ぐ３つのポイント

| つけない | 増やさない | やっつける |
| --- | --- | --- |
|  |  |  |

細菌性食中毒予防のポイントは、食中毒菌を「つけない」「増やさない」「やっつける」です。「つけない」ためには、手は石けんでしっかりと洗います。「増やさない」ためには、生鮮食品や総菜は、購入後なるべく早く冷蔵庫で保存します。「やっつける」ためには、肉や魚、野菜などはしっかりと加熱することが重要です。

### 冬に多いノロウイルス

ノロウイルスによる食中毒は冬に多発し、おう吐や下痢などの症状があります。

感染者によって直接または間接的に汚染された食品や、加熱不十分な食品を食べることで感染します。しっかりと手洗いを行って予防しましょう。

### 肉はよく焼いて食べよう

肉は、生や加熱が不十分なまま食べると食中毒が発生する危険性があります。特に、抵抗力の弱い子どもは注意が必要です。多くの細菌やウイルスなどは加熱により死滅するので、中心部が白っぽい色に変化するまでしっかりと加熱してください。

## 食中毒予防の基本
# 手洗い

手は、さまざまなものに触れるので、気づかないうちに食中毒の原因となる細菌やウイルスがついているかもしれません。細菌やウイルスは、水で洗うだけでは、取り除けません。食中毒を予防するためには、調理前、食事の前後など、石けんを使って、洗いましょう。

## 洗い残しの多い部分

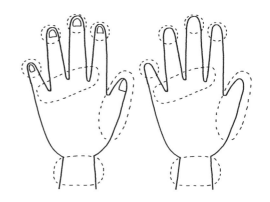

手洗いで洗い残しが多い部分は、指先やつめの間、指の間、親指、手首などです。石けんやハンドソープを使って、手のひら、手の甲、指先とつめの間、指の間、親指、手首をしっかりと洗う習慣を身につけることが大切です。

# 飲み残しのペットボトルに注意！

ペットボトル飲料を飲む時に、直接口をつけて飲むと、飲み物の中に口の中の細菌が入ります。そして、飲み残した場合は時間がたつと、飲み物に含まれる栄養を利用して細菌が増えます。特に糖分の多い炭酸飲料や乳酸菌飲料、果実飲料は細菌の栄養になるものが多いので注意が必要です。ペットボトル飲料は、開けたら早めに飲みきりましょう。

## 気をつけよう！ テイクアウトの食中毒

食品をテイクアウトすると、調理してから食べるまでの時間が長くなります。そのため、気温の高い時期は食中毒のリスクが高まります。食中毒菌は、20〜50℃の温度帯でよく増えるので、テイクアウトの食品を購入したら、早めに食べましょう。

## 加工食品に含まれる食品添加物

　加工食品には色や香りをつけたり、菌やかびの発生を防いで長持ちさせたりするために、食品添加物が加えられることがあります。食品添加物は、とる量が一定を超えると体に悪影響がありますが、安心して食品をとることができるよう基準値が設けられています。いろいろと調べてみましょう。

## 遺伝子組み換え食品って何？

大豆　綿

とうもろこし　なたね

　遺伝子組み換え食品とは、ある生物の遺伝子を違う生物などに組み入れてつくった農作物とそれを使った加工食品のことです。体への安全性を心配する考えもあります。国内でおもに流通・消費されている作物は、大豆、とうもろこし、なたね、綿などで、おもに油や飼料に使われています。

## 食品中の放射性物質はどうなっているの？

　東日本大震災の東京電力福島第一原子力発電所の事故後、食品に含まれる放射性物質や体への影響が心配されました。現在は、食品に含まれる放射性物質は年々減少し、基準値を超えるものはほとんどありません。生産現場では、基準値を超えない食品のみを出荷するよう、取り組みを行っています。

## 食材の焦げに注意！　アクリルアミド

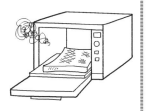

　アクリルアミドは、食品を120℃以上で加熱するとできやすく、「揚げる」、「焼く」などの調理をした市販食品や家庭での調理時に発生します。国際機関では、発がん性や神経毒性の懸念があるといわれています。減らすためには、食材を焦がさない、弱火で調理するなどの工夫をしましょう。

## Q. かびを取り除けば食べてもよい？

**A.** 食品にかびが生えてしまったら、食べずに捨てましょう。見える部分のかびを取り除いても、見えないかびが食品の表面や内部に残っている可能性があります。本来は、かびが生えないように、適切に保存して早めに食べきることが大切です。

## Q. トランス脂肪酸は体に悪いの？

**A.** マーガリンやそれらを使ったパン、菓子などに含まれているといわれるのがトランス脂肪酸です。摂取量が少ない場合にくらべて、とりすぎると心臓病のリスクが高まるとされています。通常の食生活では、健康への影響が小さいと考えられていますが、脂質のとりすぎには気をつけましょう。

## Q. 安全な食品って、どんな食品？

**A.** どんな食品でも摂取量や個人差などによって、健康に悪影響がある場合があります（一つの食品をとりすぎるなど）。食品表示をはじめ、さまざまな情報を見極めて判断するようにしましょう。

成長期に大切な
栄養素

# 文例つきイラストカット

成長期は、命を保ったり活動したりするだけではなく、成長するためのエネルギーや栄養素が必要です。栄養素は、おもにエネルギーになる炭水化物や脂質、おもに体をつくるたんぱく質や無機質、おもに体の調子をととのえるビタミンや無機質があります。

中学生の時期は、乳幼児期に次いで成長が著しいといわれています。そのため、おとなよりも多くとることが必要な栄養素もあります。活動のもとになるエネルギーや、体をつくるたんぱく質やカルシウムなどを十分にとる必要があります。

## 生きるために欠かせない 栄養素

わたしたちは食べることで、食べ物を消化し、生きていくのに必要な栄養素を吸収しています。栄養素は、命を保ったり、活動したり、成長したりするために必要です。食べ物によって含まれる栄養素の種類や量は違うため、さまざまな食べ物をバランスよくとることが大切です。

## 炭水化物の働き

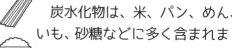
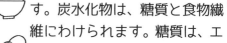
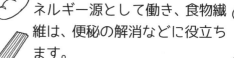

炭水化物は、米、パン、めん、いも、砂糖などに多く含まれます。炭水化物は、糖質と食物繊維にわけられます。糖質は、エネルギー源として働き、食物繊維は、便秘の解消などに役立ちます。

## 1日にとりたい 炭水化物の量

炭水化物の摂取量の目標量はエネルギー量の50〜65%です。エネルギーの半分以上を炭水化物からとることが目標とされています。右の表から自分の炭水化物の目標量が算出できます。米、パン、めんなどの主食を毎食とり、適量を心がけましょう。

### 推定エネルギー必要量（kcal／日）

|  | 男性 | 女性 |
|---|---|---|
| 3〜5歳 | 1,300 | 1,250 |
| 6〜7歳 | 1,550 | 1,450 |
| 8〜9歳 | 1,850 | 1,700 |
| 10〜11歳 | 2,250 | 2,100 |
| 12〜14歳 | 2,600 | 2,400 |
| 15〜17歳 | 2,800 | 2,300 |

出典　厚生労働省「日本人の食事摂取基準（2020年版）」
※身体活動レベルは「ふつう」。

# 炭水化物を多く含む食品・料理

炭水化物は、穀類やいも類、砂糖などを使った食品や料理に多く含まれます。

 ごはん　 パン　 スパゲッティ　 そうめん　 そば

うどん　焼きそば　いも　もち　バナナ

## 砂糖の量はどのくらい？

炭酸飲料
約56g
1

乳酸菌飲料
約55g
2

果汁入り飲料
約53g
3

スポーツ飲料
約31g
4

麦茶
0g
5

※砂糖の量は、糖度計で計測してペットボトル（500mL）分を算出したものです。

## 食物繊維の働き

食物繊維は、便秘を予防したり、血糖値の上昇を緩やかにしたり、正常なコレステロール値を保ったりする働きがあります。

食物繊維の摂取量が少ない人は、生活習慣病の発症率が高いなどの報告があります。

## 1日にとりたい 食物繊維量
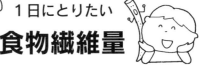

食物繊維が不足しないようにとりましょう。

|  | 男性目標量 | 女性目標量 |
|---|---|---|
| 3〜5歳 | 8g以上 | 8g以上 |
| 6〜7歳 | 10g以上 | 10g以上 |
| 8〜9歳 | 11g以上 | 11g以上 |
| 10〜11歳 | 13g以上 | 13g以上 |
| 12〜14歳 | 17g以上 | 17g以上 |
| 15〜17歳 | 19g以上 | 18g以上 |

出典　厚生労働省「日本人の食事摂取基準（2020年版）」

## 食物繊維の多い食品は？

未精製の穀類、豆類、野菜、きのこなどに多く含まれます。

 玄米ごはん　 おから　 ごぼう

ブロッコリー

 しいたけ　 ひじき　 アボカド

## 効率のよいエネルギー源 脂質

脂質は、1gあたり9kcalのエネルギーを生み出す効率のよいエネルギー源です。また、体をつくっている細胞の細胞膜の原料になります。脂質は大切な栄養素の一つですが、とりすぎると肥満を引き起こします。そして、メタボリック症候群や、動脈硬化などの原因になります。とりすぎないようにしましょう。

# 見える油と見えない油

「見える油」とは、植物油やバター、マーガリン、マヨネーズなどのことで、「見えない油」とは、肉、魚介、牛乳・乳製品、穀物、豆、卵、菓子などに含まれる油のことです。わたしたちは、脂質の摂取量の約79%を、「見えない油」からとっています。気がつかずに多くとっているかもしれないので気をつけましょう。

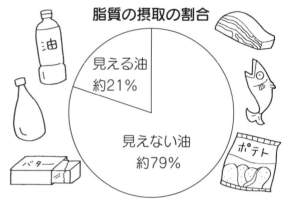

脂質の摂取の割合

見える油 約21%

見えない油 約79%

出典　厚生労働省「令和元年国民健康・栄養調査」より作成

# 脂質が多い メニューに注意

脂質が多いメニューは、肉や揚げ物、卵を組み合わせたものや、ファストフード、アイスクリーム、生クリームを含むものなどがあります。食べすぎに注意しましょう。

# 魚の油の秘密

戻りがつお、まいわし、まさば、ぎんざけ、さんま、ぶりなどの青背の魚にはIPA（EPA）とDHAという脂肪酸が多く含まれています。この魚の脂肪酸には、高血圧抑制作用、血栓の予防、血中中性脂肪値の低下などの作用があり、生活習慣病予防に有効です。また、DHAは、脳の発達に欠かせない成分です。

## 成長期に欠かせない 体をつくる栄養素 たんぱく質

たんぱく質は、筋肉、内臓、血液、髪、つめ、骨、皮膚などをつくる重要な成分です。また、内臓などを正常に働かせるために必要なホルモンや酵素の原料でもあります。

たんぱく質を多く含む食品は、魚介類、肉類、大豆、卵などです。成長期に大切なたんぱく質をしっかりとりましょう。

## 1日に どのくらい必要？

## たんぱく質

たんぱく質は、おもに体をつくるもとになりますが、エネルギーにもなります。成長期に大切な栄養素なので、1日にとりたいたんぱく質の量は、成長と共に増加します。

### 1日のたんぱく質の推奨量

|  | 男性 | 女性 |
|---|---|---|
| 3～5歳 | 25g | 25g |
| 6～7歳 | 30g | 30g |
| 8～9歳 | 40g | 40g |
| 10～11歳 | 45g | 50g |
| 12～14歳 | 60g | 55g |
| 15～17歳 | 65g | 55g |

出典　厚生労働省「日本人の食事摂取基準（2020年版）」

たんぱく質が多い食品

さけ

まぐろ（赤身）

かつお

とり肉（むね・ささみ）

卵

豚肉（ヒレ・もも）

納豆

## 成長期は多くの たんぱく質が必要

たんぱく質は、筋肉や内臓、骨、血液、髪など、体をつくるもとになるため、成長期の子どもに欠かせない栄養素です。

成長期のたんぱく質の推奨量は、年齢と共に増加します。食事からしっかりとたんぱく質をとりましょう。

## 生きるために必須のミネラル
# ナトリウム

ナトリウムは、体内の水分を調節したり、筋肉や内臓の働きを正常に保ったり、神経の働きを助けたりしています。ナトリウムは、食塩を始めとする調味料や加工食品に多く含まれています。とりすぎると高血圧症や胃がんなどの病気を引き起こしやすくなるので気をつけましょう。

### 1日のナトリウム（食塩相当量）の目標量

|  | 男性 | 女性 |
|---|---|---|
| 3～5歳 | 3.5g未満 | 3.5g未満 |
| 6～7歳 | 4.5g未満 | 4.5g未満 |
| 8～9歳 | 5.0g未満 | 5.0g未満 |
| 10～11歳 | 6.0g未満 | 6.0g未満 |
| 12～14歳 | 7.0g未満 | 6.5g未満 |
| 15～17歳 | 7.5g未満 | 6.5g未満 |

出典　厚生労働省「日本人の食事摂取基準（2020年版）」

# 菓子に含まれる塩分

スナック菓子は塩分が高めです。
甘い菓子にも含まれています。

クラッカー20g

約0.4g

ポップコーン1/3袋

約0.2g

ポテトチップス1/3袋

約0.2g

せんべい

約0.4g

串だんご（しょうゆ）

約0.4g

どら焼き

約0.3g

豆大福

約0.4g

チーズケーキ

約0.5g

## 骨や歯をつくる
# カルシウム

カルシウムは、丈夫な歯や骨をつくったり、体のさまざまな機能を調節したり、神経伝達を正常に保ったりする働きがあります。牛乳・乳製品、小魚、大豆製品、一部の緑黄色野菜などに多く含まれています。今は、骨の成長にとても大切な時期です。カルシウムをしっかりとることで、高齢者になってからの骨粗しょう症を防げる可能性も高くなります。いろいろな食品でとりましょう。

## 赤血球のもとになる鉄

鉄は、血液の成分の一つである赤血球をつくり、全身に酸素を運ぶ働きなどがあります。

### ●不足すると
貧血を引き起こし、頭痛、めまい、疲れやすくなるなどの症状があらわれます。

### ●多く含まれている食品
レバーや赤身の肉類、かつお、大豆加工食品、こまつななどに多く含まれます。

## 体調を ととのえる ビタミン

ビタミンは、体のさまざまな機能を調節したり、維持したりするために欠かせない栄養素です。水にとけやすい水溶性のビタミンB群やC、油にとけやすい脂溶性のビタミンA、D、E、Kがあります。

### ビタミンたっぷりの料理

| ビタミンA | ビタミンC |
|---|---|
|  |  |
| レバニラ炒め | パプリカのピクルス |

### 目や皮膚の健康を保つ ビタミンA

ビタミンAは、皮膚や目の健康を保ち、のどや鼻などの粘膜を細菌から守る働きがあります。魚介類やレバーなどに多く含まれます。体内でビタミンAにかわる$\beta$-カロテンは、緑黄色野菜に多く含まれます。

**ビタミンAや$\beta$-カロテンを多く含む食品**

レバー　かぼちゃ
ぎんだら　にんじん　モロヘイヤ

### 成長をサポートする！ ビタミンB$_2$

ビタミンB$_2$は、エネルギー代謝を助けるビタミンです。また、体の成長を助ける働きがあるため、発育のビタミンとも呼ばれています。レバーや魚、牛乳・乳製品、きのこ、納豆などに含まれます。

**ビタミンB$_2$を多く含む食品**

レバー　ぶり　かれい　牛乳　納豆

### ビタミンCを無駄なくとる こつ

ビタミンCは、コラーゲンの生成に役立ち、酸化を防いで老化を予防する働きがあります。水溶性で調理中に損失しやすいので、汁物にしたり、電子レンジで加熱したり、生食できる果物や野菜を生のまま食べたりするとよいでしょう。

### 骨を丈夫にする ビタミンDとK

ビタミンDとKは、カルシウムの吸収を助け、骨を丈夫にする働きがあります。ビタミンDは魚やきのこなどに、ビタミンKは青菜や納豆などに多く含まれます。

## Q. 給食にはどんな栄養素が含まれているの？

**A.** 　学校給食の栄養素量の基準は、文部科学省によって決められています。学校給食は、成長期の子どもに必要なエネルギー、たんぱく質、脂質、ナトリウム、カルシウム、マグネシウム、鉄、ビタミンA、$B_1$、$B_2$、C、食物繊維などがバランスよくとれるように定められています。

## Q. カルシウムをとれば背は伸びる？

**A.** 　カルシウムは、骨をつくるのに必要な栄養素ですが、骨にはたんぱく質やリン、マグネシウムなども必要です。骨を育てて背を伸ばすには、栄養バランスのよい食事をとることと、適度な運動と十分な睡眠で成長ホルモンの分泌を促すことが大切です。

**ただいま成長中**

最近、悩みがあるんだ～

どうしたの？

体重が増えてきたし～

そう？

たまにいらいらしちゃうし～

そっか

足が生えてきたし～

それを成長っていうんだよ

## Q. 日光に当たるとつくられるビタミンは？

**A.** 　日光（紫外線）に当たると体内でビタミンDがつくられます。血液中のビタミンDの濃度は、紫外線量の多い春から夏よりも冬の方が低くなります。食事からもしっかりとりましょう。

学力と食

# 文例つきイラストカット

みなさんは規則正しい生活をしていますか？　体内時計のリズムを保つことによって、脳も体もしっかり働くことができます。成績アップの近道はありません。十分に脳を働かせるために、望ましい食生活と規則正しい生活習慣を身につけることが大切です。

テスト当日に日頃の勉強の成果を出せるように、体調をくずさないことが大切です。睡眠不足や食事のバランスが乱れると、かぜをひきやすくなります。また、朝食をぬくと午前中の集中力がなくなってしまいます。早起き早寝朝ごはんを心がけましょう。

# 朝型生活の方が成績がいい!?

生活習慣が朝型の人の方が、夜型の人にくらべて、勉強やスポーツの成績がよいという研究結果があります。夜型生活が続くと、疲れやすくなったり、気力や学習意欲が低下したりします。早起き早寝朝ごはんで生活リズムを朝型にすると、朝から元気に脳と体が働きます。

## 朝から脳を元気にするには

わたしたちは、朝食で午前中のエネルギーや栄養素を補給しています。朝食ぬきはエネルギー不足で、脳を元気に働かせることができません。

また、朝食でおかずをたくさん食べている人の方が、テストの点数がよいという研究結果もあります。朝から脳を元気にするには、主食だけではなくおかずをしっかり食べることが大切です。

## 朝食と学力テスト

朝食を毎日とる人の方が、毎日とらない人よりも学力テストの平均正答率が高いという結果があります。午前中の授業に集中するためにも、朝食をしっかりとる習慣をつけましょう。

## 早起き・早寝・朝ごはんを習慣づけよう

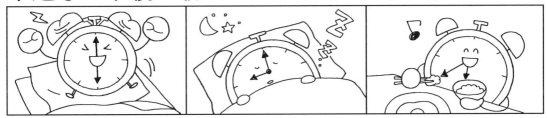

　夜遅くまで勉強をして睡眠時間が少なかったり、体内時計のリズムが乱れたりすると、体調をくずしやすくなります。早起き早寝で十分な睡眠時間を確保して、朝は太陽の光を浴びて朝ごはんを食べ、体内時計のリズムをととのえることが大切です。規則正しい生活習慣を心がけましょう。

# 朝食ぬきはさまざまな不調の原因です

　朝食をぬくとエネルギーや栄養素が補給できず、午前中にうまく体温を上げることができません。体温が低いことで、物事に集中できない、いらいらする、だるくなるなどの心身の不調が起こることがあります。午前中の授業に集中するためにも、栄養バランスのとれた朝食を毎日とる習慣をつけることが大切です。

# やっぱり睡眠も大切です

　夕方に眠気を感じる場合、睡眠不足の可能性があります。睡眠不足が続くと記憶力の低下や体の抵抗力が下がるので、十分な睡眠時間を確保することが大切です。早起き早寝で生活リズムをととのえて、朝に勉強するのも効果的です。

# 新しい記憶は寝ている時に定着する

睡眠は、深い眠りのノンレム睡眠と浅い眠りのレム睡眠が交互にくりかえされています。わたしたちはレム睡眠の時に、記憶の整理や定着を行っています。レム睡眠はノンレム睡眠をしっかりとった後に多く出現するので、日頃から十分な睡眠時間を確保することが大切です。そうすることで、勉強した内容を脳に定着させることができます。

## 注意！ カフェインのとりすぎ

　カフェインをとりすぎると、めまいや心拍数の増加、興奮、不安、震え、不眠症、下痢、吐き気などの症状が出ることがあります。子どもは、おとなにくらべて体が小さいことや脳の機能が発達途中なことなどから、カフェインの影響が強く出ます。そのため、カフェインの摂取はなるべく避けるようにします。

## カフェインを含む飲料

　カフェインは、コーヒーや緑茶、紅茶、コーラやココア、エナジードリンクなど、いろいろな飲み物に含まれています。

　カフェインは、眠気を覚ます効果がありますが、とりすぎるとめまいや不眠症、下痢、吐き気などを起こすことがあるので、注意が必要です。特に子どもは、おとなよりも影響を受けやすいので、控えるようにします。

**注意**

## 夜食は控えめに

　夜遅い食事は、脂肪として体内に蓄積されやすく、太る原因になります。夜食はなるべくとらないようにし、とる時はミルクや雑炊、うどんなどの消化のよいものを選びます。

# 受験前日や当日の料理

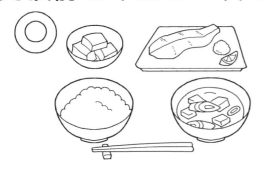

緊張すると消化・吸収の働きが弱まり、普段は問題ない料理でも食あたりを起こす場合があります。受験前日や当日は刺身などの生ものや、揚げ物などの油っこい料理は避けるようにします。消化がよく、食べ慣れているもので、エネルギーになる炭水化物を多くとれる料理にしましょう。

## 受験当日の朝は炭水化物をしっかり！

受験当日の朝は、エネルギー源となるごはんやパン、めんなどの炭水化物を含む食品をしっかりとります。エネルギーが不足すると、十分に脳と体を働かせることができません。時間に余裕を持って、朝ごはんを必ず食べましょう。また、緊張で胃腸の働きが低下することがあるので、生ものや脂質の多い料理は避けます。

## 試験前からかぜ予防を！

栄養バランスのよい食事と適度な運動、十分な睡眠・休養をとり、体の抵抗力を高めます。また、手洗いやうがいをして、かぜの原因となるウイルスなどが体内に入るのを防ぎましょう。

## テストだけじゃない！ しっかり食べて抵抗力アップ！

テスト前からかぜなどをひかないように注意するのはもちろんですが、日頃から体調管理に気を配っておくことも大切です。体の抵抗力を高めるため、1日3食、栄養バランスのとれた食事をとりましょう。主食、主菜、副菜、汁物がそろうと、バランスがととのいます。また、食事だけではなく、適度な運動と十分な睡眠をとることも大切です。

# Q. 頭がよくなる栄養素ってあるの？

**A.** イギリスの研究で、「読み」の成績が低い子どもがドコサヘキサエン酸（DHA）をとったところ、読解力が向上したという結果があります。しかし、一つの栄養素だけをとればよいわけではありません。授業に集中したり、学んだことを脳に定着させたりするには、バランスのよい食事や十分な睡眠などの規則正しい生活習慣を身につけることが大切です。

# Q. 夜遅くまで勉強するので、眠気覚ましにカフェイン入りの飲料を飲んでもよい？

**A.** 適度なカフェインの摂取は眠気覚ましになりますが、とりすぎると、めまいや不安、震えなどを引き起こします。子どもはカフェインの影響が強く出るので、カフェイン入りの飲料は飲まないようにしましょう。睡眠は、記憶の定着や成長ホルモンの分泌などのためにとても大切です。夜に十分な睡眠をとり、朝に勉強するのはいかがでしょうか。

# Q. 脳には糖分が必要だから勉強しながら菓子を食べてもよい？

**A.** 勉強しながら菓子を食べ続けたり、時間を決めずにだらだら食べ続けたりするのは、肥満やむし歯の原因になります。とりすぎた糖分は、体の中で脂肪として蓄積してしまいますし、時間を決めずにだらだら食べると、むし歯になる危険が高まります。間食は、朝・昼・夕の３食で十分に栄養がとれている時には、必要のないものです。間食をとる場合は、時間と量を決めておき、勉強中に菓子を食べ続けるのはやめましょう。

食への感謝

# 文例つきイラストカット

わたしたちは食べることでエネルギーや栄養素をとり入れて、生きています。食べることは、ほかの生き物たちの命をいただくことであり、生命のつながりによって成り立っています。食べ物を大切にして、感謝の心を持って食べましょう。

わたしたちの食事は、食料を生産する人をはじめ、多くの人の苦労や努力によって支えられています。

11月23日は「勤労感謝の日」です。この機会に、「ありがとう」の気持ちを伝えてみませんか。

## 食材は動植物の命

わたしたちは、毎日さまざまな食材を食べています。米や魚、肉、野菜やきのこ、果物などは、もともとは動物や植物たちの命です。つまり、食べるということは命をいただくということなのです。

いただいた命は無駄にしないようにしましょう。食べられることや動植物への感謝の気持ちを持って、調理をしたり、食べたりすることが大切です。

## 感謝を込めて残さず食べよう！

わたしたちの食事は、多くの人がかかわって支えられ、命をいただくことで成り立っています。残すのは命を粗末にすることです。残さずに食べましょう。

# 感謝を込めていただきます！ ごちそうさま！

食事の前後のあいさつには、食べ物の命をいただくことや、食事をつくるためにかかわった人たちへの感謝の気持ちが込められています。心を込めてあいさつをしましょう。

# 食材は自然からの恩恵で成り立っている

　米や魚、肉、野菜や果物などの食材は自然からの恵みです。わたしたちの生活は、昔から自然の恩恵に支えられて成り立っています。自然の恵みに感謝して、食材を無駄にしないことが大切です。

## 食料生産には多くの手間がかかっています

　食料の生産にかかわる人たちは、生産性を高めたり、よい品質のものをつくったりするために、さまざまな工夫や努力をしています。わたしたちがおいしい食事を食べられるのは、そうした生産者の働きのおかげです。

　手間をかけてつくられた食べ物を無駄にしないようにしましょう。

## 給食はたくさんの人に支えられている

　みなさんが食べている給食は、たくさんの人たちがかかわってつくられています。食材を育てたりとったりする生産者や食べ物を運ぶ運送業者、献立を考える栄養士、献立をもとに調理をする調理員などの働きによって給食は支えられているのです。

## 11月23日は勤労感謝の日

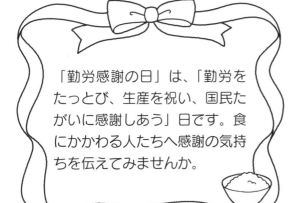

　「勤労感謝の日」は、「勤労をたっとび、生産を祝い、国民たがいに感謝しあう」日です。食にかかわる人たちへ感謝の気持ちを伝えてみませんか。

## 食品ロス削減で無駄をなくそう

　食品ロスとは、まだ食べられるのに捨てられてしまう食品のことです。食品を捨てると、食品そのものだけではなく、生産や輸送に使ったエネルギーなども無駄になります。無駄にしないためにできることを考えましょう。

# 地場産物を食べて
## 地産地消！

　地域で生産された食材をその地域で消費することを地産地消といいます。生産者の顔が見えるので安心して買えます。また、遠くから輸送しないので、新鮮な状態で手に入り、環境への負担も減らせます。

## 買うことは応援

　ある商品を買うことは、その商品やつくった企業を応援することになります。多くの人がよりよい商品を買い、問題のある商品を買わないことで、商品が改善されたり、企業の姿勢をかえたりすることにつながります。

# その言葉がうれしい

# Q. どうして食事の時にあいさつをするの？

**A.** 　日本の食事のあいさつには、感謝の気持ちが込められています。「いただきます」には、食べ物となる動植物の命をいただきますという意味があります。「ごちそうさま」には、食事をつくるためにかかわった多くの人への感謝の気持ちが込められています。

情報と食

# 文例つきイラストカット

テレビ、新聞、インターネットなどの情報のよしあしを判断してうまく活用する力をメディアリテラシーといいます。食情報の中には、食品を売るためや、視聴率や購読部数を上げるためのものもあります。情報を読み解く力を身につけることが大切です。

食べ物や栄養が健康と病気へ与える影響を過大に信じることをフードファディズムといいます。例えば、ある食品を食べれば短期間でやせるとテレビ番組で放送され、その食品が品切れになるのもその一例です。情報は自分で考えて判断しましょう。

 ## 食品表示は食品のプロフィール

食品表示にどんな情報があるのかを見てみましょう。

**原材料名**

使用量の多いものから表示されます。

**期限**

賞味期限や、消費期限が表示されます。

**保存方法**

保存する時に注意することが書いてあります。

### 加工食品の食品表示例

名称／ロースハム（スライス）
原材料名／豚ロース肉、還元水あめ、大豆たん白、食塩、卵たん白、乳たん白、調味料（アミノ酸等）、カゼインNa（乳由来）、増粘多糖類、リン酸塩（Na）、酸化防止剤（ビタミンC）、くん液、発色剤（亜硝酸Na）、香辛料抽出物
内容量／40g　　賞味期限／表面上部に記載
保存方法／要冷蔵（10℃以下）
製造者／○○株式会社○○工場○○県○○市○○

栄養成分表示（1袋40g当たり）／エネルギー○kcal、たんぱく質○g、脂質○g、炭水化物○g（糖質○g/食物繊維○g）、食塩相当量○g

本商品に含まれるアレルゲン（特定原材料及びそれに準ずるものを表示）

卵・乳成分・大豆・豚肉

**栄養成分表示**

食品に含まれる栄養成分が表示されます。

**アレルギー物質の表示**

食物アレルギーの原因となる食品を含む場合は表示されます。

## 何で判断する？　食品の購入

食品を購入する際は、さまざまな情報を読み取って判断することが大切です。生鮮食品は、価格や鮮度、旬、原産地などを、加工食品は、価格や表示、マークなどを確かめます。さまざまな情報から、食品を選択する力を身につけましょう。

国産　アメリカ産

## 食品情報を疑ってみよう

体によい？ 体に悪い？

特定の食品を体によいものや悪いものと決めつけるのはやめましょう。例えば、体によいといわれる野菜などは食べて、悪いとされがちな砂糖や脂質などはとらない食生活を送っても、よい食生活になるわけではありません。どのような食品であっても、含まれている栄養素や特徴を知り、適量を食べることが大切です。

## フェイクニュースにだまされないで！

フェイクニュースとは、うその情報でつくられたニュースのことです。だまそうとして発信しているものもあれば、本当のことかどうかもわからないうわさ話が広がったものもあります。友だちに教えたくなっても、根拠のない情報は広めたり、インターネット上に書き込んだりしないようにしましょう。

○○○は病気に効く

拡散希望

輸入がストップするらしい

## インターネットの情報

モデルが紹介してるダイエットサプリ 友だちに教えなきゃ

ネットにはうその情報もうわさ話もあるよ

ちょっとまったぁ!!

飲んだだけでやせるなんてそんなうまい話あると思う？

そうだよね

ママに紹介しちゃった

るんるん♪

## ちょっと待って!! ネットの拡散

むやみに情報を拡散するとうその情報を世界に広めてしまう可能性があります。気をつけましょう。

# Q. 健康食品を食べれば健康になるの？

**A.** 健康食品とは、健康によいことをうたった食品全般のことです。食生活や生活習慣の改善が期待できる場合もありますが、あくまで補助的なものです。バランスよく食事がとれていれば必要ありません。安全性や有効性が確認されているものと、そうでないものがあります。有名人が使っているからといって安全性を保証するものではありません。気をつけましょう。

# Q. インターネットで正しい食情報を調べるには？

**A.** インターネットの食情報は、うそをついてだまそうとしている人や、間違った情報を発信している人もいます。

インターネットで調べる時は、子ども向けの検索サイトを利用し、役所、公共施設などの信頼性の高い複数のサイトで調べます。また、本や新聞などのインターネット以外のもので確認することも大切です。

# Q. SNSに店の料理写真を投稿してもよい？

**A.** 店の事情で撮影を拒否している場合があります。心配な時は店の人に「写真を撮ってもいいですか？」「SNSに投稿してもいいですか？」などと確認しましょう。また、写真の投稿は個人情報がもれないように慎重に扱うことが大切です。

# Q. 飲食店の口コミに悪口を投稿してもよい？

**A.** 外食した店の料理が気に入らなくてもインターネットに店の悪口を書き込むことはやめましょう。インターネットは、他人を非難したり、攻撃したりする場所ではありません。一度書いたことは取り消せないので気をつけましょう。

防災と食

# 文例つきイラストカット

9月1日は、防災の日です。その日を含む8月30日から9月5日までは、防災週間と定められています。9月1日が防災の日となったのは、1923年9月1日に発生した関東大震災に由来します。この時期は、災害について考えたり、備えたりしましょう。

日本では、地震、津波、豪雨、台風などの災害が多発しています。災害はいつ起こるかわかりません。家族で食料・飲料などの備蓄は十分にあるか確認したり、安否確認方法や集合場所などを話し合ったりしておくことが大切です。

大規模な災害が発生すると、ガス、電気、水道などが長期的に停止することも考えられます。カセットこんろや、乾電池で使えるランプや、ペットボトルの水など、ガス、電気、水道のかわりとなるものを備えておくと安心です。

9月1日は
## 防災の日

命を守るために、災害を知って災害に対処する力を身につけましょう。

見直そう！
## 食品の備蓄

食品の賞味期限や量を確認しましょう。

日常的に備蓄をしよう！
# ローリングストック法

ローリングストック法とは、普段から少し多めに食品などを買っておき、日常的に食べて、食べた分だけ買い足す方法です。常に一定量の食料を備蓄でき、賞味期限切れによる廃棄も減らせます。また、災害時に食べ慣れているものが食べられます。

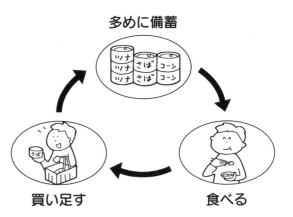

多めに備蓄

買い足す　　食べる

# 水の備蓄は一人１日３L

一人分
１週間だと **21L**

　水は、命を守るためにとても大切です。飲料水（調理用を含む）の備蓄は一人１日３Lが目安です。大規模災害発生時には、１週間分の備蓄が望ましいとされています。そのほかにも、トイレを流すためなどの生活用水の備蓄も必要です。

# 備えておきたい食料リスト

　日頃から利用できる食料備蓄の一例です。

**【主食】**
- □米（無洗米が便利）
- □レトルトごはん・おかゆ
- □アルファ化米
- □缶入りのパン
- □粉物（小麦粉など）
- □乾めん（そうめん、
  　パスタなど）
- □もち

**【主菜】**
- □肉、魚、豆の缶詰
- □カレーなどの
  　レトルト食品
- □乾燥豆

**【副菜】**
- □野菜の缶詰、瓶詰
- □切り干しだいこん
  　などの乾物
- □日持ちする野菜

**【果物・菓子】**
- □ドライフルーツ
- □果物の缶詰
- □チョコレート

**【飲料】**
- □水
- □茶
- □ジュース

**【調味料】**
- □砂糖　□塩
- □酢　□しょうゆ
- □みそ

## 非常用持ち出し袋に入れたい食料

　非常用持ち出し袋に入れる食料は、封を切ったらすぐに食べられるものにしましょう。おなかを満たす缶入りのパンやレトルトのおかゆ、心を満たす果物の缶詰やようかんのほか、水や野菜ジュースなどの飲み物を入れます。

多めの備蓄が必須！
## アレルギー対応食

　災害発生後の避難所では、アレルギー対応食の備蓄が十分でない場合もあり、不足の際には、入手困難になります。食物アレルギーがある人は、多めに対応食を備蓄しておく必要があります。

## 災害時の野菜不足に備えよう

　災害時は野菜不足になり、便秘や体調不良を引き起こしやすくなります。そのため、野菜を備蓄することは重要です。野菜ジュース、野菜の缶詰・瓶詰・レトルト食品、乾燥野菜などを備蓄するようにしましょう。長期保存できるじゃがいもやたまねぎなども普段から多めに備蓄しておくと、もしもの時に役立ちます。

# 災害時の調理に使える日用品

**カセットこんろ・ガスボンベ**

電気やガスが復旧するまでの熱源になります。

**ポリ袋**

水入れや調理などに使えます。

**使い捨て食器**

洗いものが減らせます。

**ラップフィルム・アルミ箔**

皿に敷くと、洗わずにくりかえし使えます。

**キッチンばさみ・ピーラー**

包丁がわりに使えます。

**ウェットティッシュ**

手や調理器具をふけます。

**使い捨てポリエチレン手袋**

食材に直接触れずに調理ができます。

## 紙でつくる手づくり食器

新聞紙や厚手の紙袋を使ってつくってみましょう。

①紙を正方形にして、三角形に折る。

②両端を矢印のように折る。

③矢印のように折り、手前は袋状のところに差し込む。

④ポリ袋や、ラップフィルム、アルミ箔などをかぶせる。

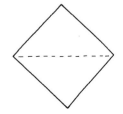

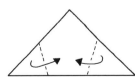

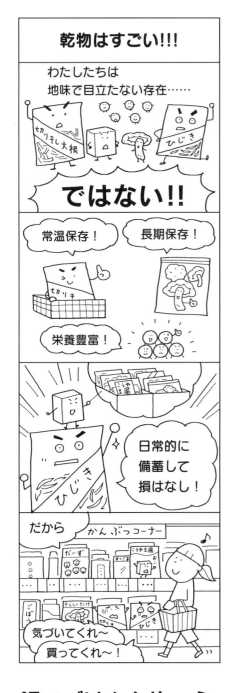

## 乾物はすごい!!!

わたしたちは
地味で目立たない存在……

ではない!!

常温保存！

長期保存！

栄養豊富！

日常的に
備蓄して
損はなし！

だから

かんぶつコーナー

気づいてくれ～

買ってくれ～！

---

## 災害時の食中毒予防

　災害時は、水や衛生用品不足などの要因により、食中毒が発生しやすくなります。食中毒予防の基本は手洗いですが水が使えない時は、ウェットティッシュで汚れを落とし、消毒用アルコールを手全体に、よくすり込みます。

## 災害時の調理のこつ

　節水しながら衛生的に調理をしましょう。

### ●食材は素手で触らない

　手洗いが十分にできないので、使い捨てのポリエチレン手袋などを使います。

### ●キッチンばさみやピーラーを活用する

　キッチンばさみやピーラーは、包丁のかわりに使えます。まな板を使わずに空中で調理できるので衛生的です。

### ●ポリ袋を活用する

　ポリ袋の中で食材を混ぜたり、ごはんを炊いたりすることができます。

---

## 鍋でごはんを炊こう　★水は、米の重さの1.5倍、体積の1.2倍です。

①米（一人分80g）をはかって、洗う。
②水をはかり、30分以上吸水させる。
③沸騰するまで強火で加熱し、ふたが動いて
　湯気が出たら中火で5～7分、水が引いて
　ふたが動かなくなったら弱火で約15分炊く。
④ふたを開けずに約10分蒸らす。

①

②

③

④

# Q. どんな食料をどのくらい備蓄したらよいの？

**A.** 大規模災害に備えるには、１週間分の食料備蓄が望ましいとされています。

食料備蓄の内容は、主食や主菜だけでなく、野菜や果物の加工品も用意するなど、栄養バランスも考えましょう。また、好きな菓子などは心の栄養になります。水は一人１日３Ｌが目安です。

# Q. 電気・水道・ガスはどのくらいで復旧するの？

**A.** 大規模災害が発生したら、電気・水道・ガスが停止し、利用が困難になります。

阪神・淡路大震災以降に発生した地震災害時の停電被害の復旧にはおおむね１週間程度、都市ガス設備被害の復旧にはおおむね１〜２か月程度、断水などの被害の復旧には１か月以上かかっています。電気、水道、ガスのかわりとなるものを多めに備えておきましょう。

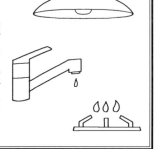

# Q. 冷蔵庫の中の食料はどうすればよい？

**A.** 大規模災害で停電したら、冷蔵庫が使えなくなります。冷凍庫は少しの間、冷蔵庫として使えるので、食べられる食料を確認しましょう。冷凍食品や生の肉、魚、保存のきかない野菜などから食べます。また、加熱したり調味料につけたりして保存できるようにします。

# Q. 断水で皿が洗えない時はどうする？

**A.** 大規模災害で水道が止まれば、備蓄している水と供給された水でまかなわなければなりません。洗いものを少なくするには、皿やわん、紙皿などの上にラップフィルムやアルミ箔、ポリ袋をかぶせて使い、使い終わったら外して捨てましょう。

月別おたより
1年間

# 4月の たより

A4判・縦

B4判・横

## 給食だより 4月

ご入学、ご進級おめでとうございます。
新学期が始まりました。午前中から元気に楽しく学校生活を送るためには、朝食をとることが大切です。毎日必ず朝食をとってから登校しましょう。

### 朝から脳を元気にするには

わたしたちは、朝食で午前中のエネルギーや栄養素を補給しています。朝食ぬきはエネルギー不足で、脳を元気に働かせることができません。
また、朝食におかずをたくさん食べている人の方が、テストの点数がよいという研究結果もあります。朝から脳を元気にするには、主食だけではなくおかずをしっかり食べることが大切です。

### 朝食と朝の太陽の光で体内時計をリセット！

1日は24時間ですが、わたしたち人間の体内時計は24時間より少し長い周期なので、そのままにすると時差ぼけのような状態になってしまいます。このずれは、朝食をとることと朝の太陽の光を浴びることで、リセットできます。

### 給食が始まります

学校給食は、栄養バランスのとれた食事で成長期にあるみなさんの健やかな成長を支え、望ましい食習慣と食に関する実践力を身につける教材としての役割があります。ぜひご家庭でも、給食の話題に触れてみてください。

### Q. 給食にはどんな栄養素が含まれているの？

**A.** 学校給食の栄養素量の基準は、文部科学省によって決められています。学校給食は、成長期の子どもに必要なエネルギー、たんぱく質、脂質、ナトリウム、カルシウム、マグネシウム、鉄、ビタミンA、B₁、B₂、C、食物繊維などがバランスよくとれるように定められています。

**今年度も1年間 よろしくお願いいたします**

---

## 4月 食育だより

ご入学、ご進級おめでとうございます。
新学期が始まりました。午前中から元気に楽しく学校生活を送るためには、朝食をとることが大切です。毎日必ず朝食をとってから登校しましょう。

### 早起き・早寝・朝ごはんを習慣づけよう

夜遅くまで勉強をして睡眠時間が少なかったり、体内時計のリズムが乱れたりすると、体調をくずしやすくなります。早起き早寝で十分な睡眠時間を確保して、朝は太陽の光を浴びて朝ごはんを食べ、体内時計のリズムをととのえることが大切です。規則正しい生活習慣を心がけましょう。

### 朝から脳を元気にするには

わたしたちは、朝食で午前中のエネルギーや栄養素を補給しています。朝食ぬきはエネルギー不足で、脳を元気に働かせることができません。
また、朝食におかずをたくさん食べている人の方が、テストの点数がよいという研究結果もあります。朝から脳を元気にするには、主食だけではなくおかずをしっかり食べることが大切です。

**簡単レシピ** フライパンでできる！ **ハムたまトマチー丼**

①レタス2枚を一口大にちぎる。ハム2枚、スライスチーズ1枚を1cm角に切る。ミニトマト3個のへたを取り、半分に切る。
②卵1個をボウルに割り、よくときほぐす。フライパンに油小さじ1を熱して卵を入れ、木べらで大きく混ぜながら焼く。
③②が半熟状になったら、①としょうゆ小さじ1、塩こしょう少々を入れて、レタスやミニトマトに軽く火が通るまで炒める。
④丼にごはんをよそい、その上に③を盛る。

### 学校給食の目標

一 適切な栄養の摂取による健康の保持増進を図ること。
二 日常生活における食事について正しい理解を深め、健全な食生活を営むことができる判断力を培い、及び望ましい食習慣を養うこと。
三 学校生活を豊かにし、明るい社交性及び協同の精神を養うこと。
四 食生活が自然の恩恵の上に成り立つものであることについての理解を深め、生命及び自然を尊重する精神並びに環境の保全に寄与する態度を養うこと。
五 食生活が食にかかわる人々の様々な活動に支えられていることについての理解を深め、勤労を重んずる態度を養うこと。
六 我が国や各地域の優れた伝統的な食文化についての理解を深めること。
七 食料の生産、流通及び消費について、正しい理解に導くこと。

### 給食が始まります

学校給食は、栄養バランスのとれた食事で成長期にあるみなさんの健やかな成長を支え、望ましい食習慣と食に関する実践力を身につける教材としての役割があります。ぜひご家庭でも、給食の話題に触れてみてください。

### 毎月の献立表をご確認ください

毎月配付している献立表には、献立名や使用している食材などが書かれています。食べたことがない食材があった時は、ぜひご家庭で一度食べてみてください。家族で一緒に確認して、話題にしてみませんか。

### 今年度も安全・安心でおいしい給食をつくります

学校給食は、子どもたちの心と体の成長を支える役割があります。おいしいことはもちろん、安全・安心であることが重要です。栄養バランスよく、さまざまな食材を使った献立で、徹底した衛生管理のもと、食中毒や食物アレルギー事故の防止に努めています。

# 5月の たより

A4判・縦

B4判・横

---

 ## 給食だより 5月

成長期は、命を保ったり活動したりするだけではなく、成長するためのエネルギーや栄養素が必要です。栄養素は、おもにエネルギーになる炭水化物や脂質、おもに体をつくるたんぱく質や無機質、おもに体の調子をととのえるビタミンや無機質があります。

 ### 成長期に欠かせない 体をつくる栄養素 たんぱく質

たんぱく質は、筋肉、内臓、血液、髪、つめ、骨、皮膚などをつくる重要な成分です。また、内臓などを正常に働かせるために必要なホルモンや酵素の原料でもあります。

たんぱく質を多く含む食品は、魚介類、肉類、大豆、卵などです。成長期に大切なたんぱく質をしっかりとりましょう。

### 1日にどのくらい必要？ たんぱく質

たんぱく質は、おもに体をつくるもとになりますが、エネルギーにもなります。成長に大切な栄養素なので、1日にとりたいたんぱく質の量は、成長と共に増加します。

#### 1日のたんぱく質の推奨量

| | 男性 | 女性 |
|---|---|---|
| 3～5歳 | 25g | 25g |
| 6～7歳 | 30g | 30g |
| 8～9歳 | 40g | 40g |
| 10～11歳 | 45g | 50g |
| 12～14歳 | 60g | 55g |
| 15～17歳 | 65g | 55g |

出典 厚生労働省「日本人の食事摂取基準（2020年版）」

### Q. カルシウムをとれば背は伸びる？

**A.** カルシウムは、骨をつくるのに必要な栄養素ですが、骨にはたんぱく質やリン、マグネシウムなども必要です。骨を育てて背を伸ばすには、カルシウムを含む食品をしっかりとりながら、栄養バランスのよい食事をとることと、適度な運動と十分な睡眠で成長ホルモンの分泌を促すことが大切です。

 ### 田植えの季節です

5月は「さつき」と呼ばれます。これは田植えが始まる時期なので「早苗月」「小苗月」が略されたという説があります。

米づくりは大変な作業です。毎日感謝して食べましょう。

 ### 5月5日 こどもの日

5月5日のこどもの日は、「こどもの人格を重んじ、こどもの幸福をはかるとともに、母に感謝する」ための国民の祝日です。端午の節句の日でもあります。家族でちまきやかしわもちを食べてお祝いしましょう。

---

## 5月 食育だより

中学生の時期は、乳幼児期に次いで成長が著しいといわれています。そのため、おとなよりも多くとることが必要な栄養素もあります。活動のもとになるエネルギーや、体をつくるたんぱく質やカルシウムなどを十分にとる必要があります。

 ### 1日にとりたい 炭水化物の量

炭水化物の摂取量の目標量はエネルギー量の50～65%です。エネルギーの半分以上を炭水化物からとることが目標とされています。右の表から自分の炭水化物の目標量が算出できます。米、パン、めんなどの主食を毎食とり、適量を心がけましょう。

#### 推定エネルギー必要量（kcal／日）

| | 男性 | 女性 |
|---|---|---|
| 3～5歳 | 1,300 | 1,250 |
| 6～7歳 | 1,550 | 1,450 |
| 8～9歳 | 1,850 | 1,700 |
| 10～11歳 | 2,250 | 2,100 |
| 12～14歳 | 2,600 | 2,400 |
| 15～17歳 | 2,800 | 2,300 |

出典 厚生労働省「日本人の食事摂取基準（2020年版）」
※身体活動レベルは「ふつう」。

 ### 骨や歯をつくる カルシウム

カルシウムは、丈夫な歯や骨をつくったり、体のさまざまな機能を調節したり、神経伝達を正常に保ったりする働きがあります。牛乳・乳製品、小魚、大豆製品、一部の緑黄色野菜などに多く含まれています。今は、骨の成長にとても大切な時期です。カルシウムをしっかりとることで、高齢者になってからの骨粗しょう症を防げる可能性も高くなります。いろいろな食品でとりましょう。

### 赤血球のもとになる 鉄

鉄は、血液の成分の一つである赤血球をつくり、全身に酸素を運ぶ働きなどがあります。

**●不足すると**
貧血を引き起こし、頭痛、めまい、疲れやすくなるなどの症状があらわれます。

**●多く含まれている食品**
レバーや赤身の肉類、かつお、大豆加工食品、こまつななどに多く含まれます。

### 見える油と見えない油

「見える油」とは、植物油やバター、マーガリン、マヨネーズなどのことで、「見えない油」とは、肉、魚介、牛乳・乳製品、穀物、豆、卵、菓子などに含まれる油のことです。わたしたちは、脂質の摂取量の約79%を「見えない油」からとっています。気がつかずに多くとっているかもしれないので気をつけましょう。

 #### 脂質の摂取の割合

見える油 約21%
見えない油 約79%

出典 厚生労働省「令和元年国民健康・栄養調査」より作成

 ### ただいま成長中

 最近、悩みがあるんだ〜 / どうしたの？
体重が増えてきたい〜 / そう？

 たまにいらいらしちゃうし〜 / そっか

 足が生えてきたし〜 / それを成長っていうんだよ

 ### 新茶の季節 おいしい緑茶の入れ方

一人分は、茶葉2g（小さじ1）、湯100mLが目安です。

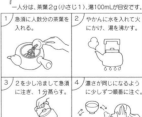 1 急須に人数分の茶葉を入れる。
2 やかんに水を入れて火にかけ、湯を沸かす。
3 2を少し冷まして急須に注ぎ、1分蒸らす。
4 濃さが同じになるように少しずつ順番に注ぐ。

 ### 端午の節句

端午の節句は、男の子の成長を祝う行事です。こいのぼりや、武者人形を飾ったり、かしわもちやちまきを食べたりします。かしわの葉は、新芽が育つまで古い葉が落ちないことから、跡継ぎが絶えないようにとの願いが込められています。ちまきは、古代中国から伝わったものです。

---

**6月の
たより**

A4判・縦

B4判・横

# 給食だより 6月

6月4日から10日は「歯と口の健康週間」です。しっかりかむと、よく味わうことができて、食べ物の消化・吸収もよくなります。将来にわたっておいしく食べるために歯と口の健康を保ちましょう。

## かみごたえのあるものを食べよう

かみごたえのあるものとは、かたいものや繊維質が多いもの、水分が少ないもの、よくかまないとのみ込めないものです。例えば、するめやきのにんじん、豚ヒレ肉のソテー、干しぶどうなどです。よくかんで食べると、食べすぎを防いだり、だ液が出て消化・吸収がよくなったりむし歯を予防したりします。将来も健康な歯と口を保つため、かみごたえのあるものをよくかんで食べましょう。

### 食後の
### 歯みがき習慣

歯みがきは、むし歯の原因となる細菌や食べかすを取り除くために、とても大切です。歯みがきをしないままでいると、むし歯になりやすくなります。将来、自分の歯でおいしく食事をするためにも、今のうちから食後の歯みがきを習慣づけましょう。

## どうして起こる？　食中毒

食中毒は、細菌やウイルスなどに汚染された食品を食べることで感染し、おう吐、腹痛、下痢、発熱などを引き起こします。

〈食中毒が発生するおもな原因〉

| 傷がある手で調理したもの | 加熱が不十分な肉 | 室温で長時間放置した料理 |
|---|---|---|

### 食中毒予防の基本
## 手洗い

手は、さまざまなものに触れるので、気づかないうちに食中毒の原因となる細菌やウイルスがついているかもしれません。細菌やウイルスは、水で洗うだけでは、取り除けません。食中毒を予防するためには、調理前、食事の前後など、石けんを使って、洗いましょう。

### 6月は食育月間

食育は生きる上での基本で、知育・徳育・体育の基盤となるものです。さまざまな経験を通して食に関する知識や実践力を身につけましょう。

---

# 6月 食育だより

学校給食の衛生管理は「学校給食衛生管理基準」（学校給食法第九条）に基づいて行われています。調理工程はもとより、配ぜん室や教室などの環境や、給食当番活動などにおいてもさまざまな配慮を行い、安全で安心な給食を提供します。

## 学校給食の
## 衛生管理

学校給食をつくる時は、食中毒防止のために、衛生管理を徹底して行っています。清潔な施設、調理機器、服装、手洗い、食品の取り扱いなど、さまざまなことに注意を払っています。

### 清潔な服装

調理員は、せきから飛ぶだ液や髪の毛などが料理に入らないように清潔なマスク、帽子、調理衣などを着用しています。

### 手洗いの徹底

作業前は、個人専用のつめブラシなどを使ってつめの間も念入りに洗います。作業中もこまめに手洗いをしています。

### エプロンなどの使いわけ

汚染防止のために、作業の内容によって、エプロンや手袋、履物などを使いわけています。

### 適切な温度管理

加熱する食品は、中心部が75℃で1分間以上（二枚貝などは85〜90℃で90秒間以上）になるようにしています。

### 食中毒予防の
### ために！
## 食事の前と後には手を洗おう

手はいろいろなものを触れるので、食中毒の原因となる細菌やウイルスがつくことがあります。その手で食材や食器などに触ると、細菌やウイルスが体内に入り、食中毒を引き起こしてしまうかもしれません。
手洗いは、簡単にできる効果的な予防方法です。食事の前と後には、石けんを使って必ず手を洗いましょう。

## どうして起こる？　食中毒

食中毒は、細菌やウイルスなどに汚染された食品を食べることで感染し、おう吐、腹痛、下痢、発熱などを引き起こします。

〈食中毒が発生するおもな原因〉

| 傷がある手で調理したもの | 加熱が不十分な肉 | 室温で長時間放置した料理 | ウイルスに汚染された二枚貝 |
|---|---|---|---|

### 気をつけよう！ テイクアウトの食中毒

食品をテイクアウトすると、調理してから食べるまでの時間が長くなります。そのため、気温の高い時期は食中毒のリスクが高まります。食中毒菌は、20〜50℃の温度帯でよく増えるので、テイクアウトの食品を購入したら、早めに食べましょう。

## かみごたえのあるものを
## よくかんで食べよう

将来にわたっておいしく食べるため、かみごたえのあるものを食べましょう。かむことは、食べすぎを防いだり、むし歯を予防したりする効果があります。

〈かみごたえのあるもの〉
にんじん（生）　豚ヒレ肉のソテー　アーモンド　れんこん（酢づけ）　干しぶどう

### 食後の
### 歯みがき
### 習慣

歯みがきは、むし歯の原因となる細菌や食べかすを取り除くために、とても大切です。歯みがきをしないままでいると、むし歯になりやすくなります。将来、自分の歯でおいしく食事をするためにも、今のうちから食後の歯みがきを習慣づけましょう。

# 7月の たより

A4判・縦

B4判・横

## 給食だより 7月

いよいよ夏本番です。暑い日が続くので熱中症に気をつけましょう。子どもは、体温調節機能や水分の代謝機能が未熟なため、脱水になりやすいといわれています。熱中症予防には、適切な水分補給を行うことが大切です。

### 熱中症を予防する 水分補給のポイント

**何を飲む？**
普段は、水や麦茶で水分補給をしましょう。大量に汗をかいた時は、スポーツドリンクを利用しましょう。甘いジュースや炭酸飲料は避けましょう。

**いつ飲む？**
のどがかわいたと感じる前に、こまめに水分をとることが重要です。運動をする時は、運動前、運動中、運動後にも水分をしっかりととりましょう。

**飲む量は？**
運動をする30分前は、250～500mLの水分を摂取し、運動中は200～250mLを1時間に2～4回飲むことがすすめられています。

### 砂糖の量はどのくらい？

| 炭酸飲料 | 乳酸菌飲料 | 果汁入り飲料 |
|---|---|---|
| 約56g | 約55g | 約53g |

| スポーツ飲料 | 麦茶 |
|---|---|
| 約31g | 0g |

冷たいものは、甘味を感じにくくなります。そのため、たくさんの砂糖などが使われていても気づきません。暑いと、冷たいものが欲しくなりますが、糖分がたくさん入っているので、飲みすぎないようにしましょう。

### 飲み残しのペットボトルに注意！

ペットボトル飲料を飲む時に、直接口をつけて飲むと、飲み物の中に口の中の細菌が入ります。そして、飲み残した場合は時間がたつと、飲み物に含まれる栄養を利用して細菌が増えます。特に糖分の多い炭酸飲料や乳酸菌飲料、果実飲料は細菌の栄養になるものが多いので注意が必要です。ペットボトル飲料は、開けたら早めに飲みきりましょう。

### 七夕の行事食 そうめん

七夕には、そうめんを食べる風習が古くからあります。家族でそうめんを食べたり、短冊に願いごとを書いたりしてみませんか。

### 土用の丑の日　うのつく食べ物

土用の丑の日には、「う」のつく食べ物を食べると体によいといわれています。

うり　うどん　梅干し　うなぎ

---

## 7月 食育だより

いよいよ夏本番です。暑い日が続くので熱中症に気をつけましょう。子どもは、体温調節機能や水分の代謝機能が未熟なため、脱水になりやすいといわれています。熱中症予防には、適切な水分補給を行うことが大切です。

### 熱中症を予防する 水分補給のポイント

**何を飲む？**
普段は、水や麦茶で水分補給をしましょう。大量に汗をかいた時は、スポーツドリンクを利用しましょう。甘いジュースや炭酸飲料は避けましょう。

**いつ飲む？**
のどがかわいたと感じる前に、こまめに水分をとることが重要です。運動する時は、運動前、運動中、運動後にも水分をしっかりととりましょう。

**飲む量は？**
運動をする30分前は、250～500mLの水分を摂取し、運動中は200～250mLを1時間に2～4回飲むことがすすめられています。

### 飲み物以外の水分補給

水分補給は、飲み物だけではなく食事や野菜、果物などからもとることができます。

スープ　カレーライス　冷やし中華
トマト　きゅうり　なす　スイカ

### つくってみませんか？ 手づくりスポーツドリンク

（材料）
・水1L
・塩1～2g
・砂糖40～80g
・レモン汁適量

すべての材料を混ぜてつくりましょう。

### 砂糖の量はどのくらい？

| 炭酸飲料 | 乳酸菌飲料 | 果汁入り飲料 |
|---|---|---|
| 約56g | 約55g | 約53g |

| スポーツ飲料 | 麦茶 |
|---|---|
| 約31g | 0g |

### 甘い飲み物のとりすぎ注意

冷たいものは、甘味を感じにくくなります。そのため、たくさんの砂糖などが使われていても気づきません。飲みすぎないようにしましょう。

### 気をつけて！ ペットボトル症候群

甘い清涼飲料をたくさん飲むと、過剰な糖が尿で排出されて脱水気味になり、のどがかわきます。それでも飲み続けると、体のだるさや吐き気、意識障害が生じるペットボトル症候群になる危険性があります。水分補給は水や麦茶にしましょう。

### 飲み残しのペットボトルに注意！

ペットボトル飲料を飲む時に、直接口をつけて飲むと、飲み物の中に口の中の細菌が入ります。そして、飲み残した場合は時間がたつと、飲み物に含まれる栄養を利用して細菌が増えます。特に糖分の多い炭酸飲料や乳酸菌飲料、果実飲料は細菌の栄養になるものが多いので注意が必要です。ペットボトル飲料は、開けたら早めに飲みきりましょう。

### 7月7日は七夕の日

七夕は、1年に一度だけ会うことが許された牽牛（彦星）と織女（織り姫）の中国の伝説から生まれた行事です。七夕には、そうめんを食べる風習が古くからあります。七夕には、家族でそうめんを食べたり、短冊に願いごとを書いたりしてみませんか。

そうめん

# 8月の たより

A4判・縦

B4判・横

## 給食だより 8月

夏休み中に食事づくりをしてみませんか。栄養バランスや食べる人のことなどを考えて、献立や調理の計画を立ててみましょう。献立を立てる時のポイントや食材を無駄にしない工夫、調理の時の注意点などについてお伝えします。

### 献立の立て方

いろいろな食品を組み合わせて、栄養バランスのよい献立を立ててみましょう。

| 副菜 | 主菜 | おもにエネルギーのもとになる | おもに体をつくるもとになる | おもに体の調子をととのえるもとになる |
|---|---|---|---|---|
| 主食 | 汁物 | | | |

ごはん、パン、めんなどの主食、魚や肉、卵などを使った主菜、野菜などを使った副菜、汁物を決めます。食品を体内でのおもな働きによる3つのグループにわけ、足りないグループがある場合は、食品を加えたりおかずをかえたりしてバランスをよくします。

### 献立を決める時のポイント

献立を決める時は、まずは栄養バランスをととのえます。そして食べる人の好みや彩り、季節感なども考えます。ほかにも、予算や調理にかかる時間、地元の食材や家にある食品の利用なども考えてみましょう。

### 簡単レシピ　火を使わずにできる！

#### さば缶豆乳うどん

①冷凍うどんをパッケージのつくり方のとおりに解凍する。
②さば缶は汁気を切ってから身を軽くほぐしておく。トマト1/2個ときゅうり1/3本を1cm角に切る。
③豆乳120mL、めんつゆ（三倍濃縮）小さじ1/2とごま油小さじ1を混ぜ合わせておく。
④器に①と②を盛り、③を回しかけて白ごまを適量かける。

### 夏休み中も規則正しい生活を

夜ふかしや朝寝坊をすると、生活リズムがくずれてしまいます。夏休み中も規則正しい生活を心がけましょう。早起きをして、家族で朝食の準備をしたり運動をしたりしてみませんか。

### 夏ばてに注意！

元気に夏を乗りきるには、バランスのとれた食事と水分補給、十分な睡眠をとることが大切です。夏ばてにならないように気をつけましょう。

---

## 8月 食育だより

夏休みに食事をつくってみませんか。調理をする時は身支度をととのえて、手を石けんで洗い、包丁や調理器具などを正しく扱って、衛生的に安全に行うことが大切です。準備から後片づけまでの見通しを持って作業をすることで、手際よく調理できます。

### 家族のためにつくってみませんか

家族の好みなどを考えて献立を決めたり、すすんで調理に参加したりすることで、食事がより楽しくおいしく感じられます。家族が喜ぶ献立を考えて、みんなで楽しく食べられる料理をつくってみませんか。

### 衛生的な服装を

・清潔なエプロンと三角巾をつける
・長い髪は束ねておく
・つめを短く切る
・手を石けんで洗う
・マスクをする
・長い袖はまくっておく
・ハンカチやタオルを用意する
・足元はすべりにくいものを履く

### まな板からの感染を防ぐ

魚や肉を切ったまな板には、細菌やウイルスがついている可能性があります。そのまま別の食材を切ると、その食材にも細菌やウイルスがつきます。食中毒予防のためには、まな板を使いわけるか、その都度きれいに洗いましょう。
また、洗ったまな板は日光に当てて乾かします。時々漂白剤や熱湯を使って殺菌・消毒しましょう。

### 無駄なく使って食品ロスを減らそう

食品ロスとは、食べられるのに捨てられてしまう食品のことをいいます。家庭から出る食品ロスには、皮のむきすぎなどがあります。食べられる部分まで除きすぎないようにしましょう。また、食べられる量の料理をつくり、食材を上手に使いきることが大切です。

### 夏ばて注意！　バランスよく食べよう

暑い夏は食欲が落ちて、のどごしのよい冷たいめん類などを多く食べがちです。めんだけでおかずが少ないと、栄養のバランスがくずれてしまいます。食事は主食、主菜、副菜や汁物をそろえるようにしましょう。食欲がない時は、酸味のあるものや香辛料などを活用すると、食欲を増してくれます。

### 冷たいものの食べすぎに気をつけよう

冷たいものの食べすぎは、胃腸の働きを弱らせて食欲が落ちてしまいます。食事の量が減るとエネルギーや栄養素の摂取量も減り、夏ばてを起こしやすくなります。

### やっぱり睡眠も大切です

夕方に眠気を感じる場合、睡眠不足の可能性があります。睡眠不足が続くと記憶力の低下や体の抵抗力が下がるので、十分な睡眠時間を確保することが大切です。早起き早寝で生活リズムをととのえて、朝に勉強するのも効果的です。

### 夏休み中も規則正しい生活を

夜ふかしや朝寝坊をすると、生活リズムがくずれてしまいます。夏休み中も、学校がある日と同じように決まった時間に起きて、寝るようにします。早起きをして、家族で朝食の準備をしたり運動をしたりしてみませんか。

# 9月の たより

A4判・縦

B4判・横

---

 ## 給食だより 9月

日本では、地震、津波、豪雨、台風などの災害が多発しています。災害はいつ起こるかわかりません。家族で食料・飲料などの備蓄は十分にあるか確認したり、安否確認方法や集合場所などを話し合ったりしておくことが大切です。

**9月1日は 防災の日**

### 見直そう！
### 食品の備蓄

食品の賞味期限や量を確認しましょう。

### 水の備蓄は一人1日3L
水は、命を守るためにとても大切です。飲料水（調理用を含む）の備蓄は一人1日3Lが目安です。大規模災害発生時には、1週間分の備蓄が望ましいとされています。そのほかにも、トイレを流すためなどの生活用水の備蓄も必要です。

 一人分 1週間だと **21L**

### 秋の年中行事 月見
月見は、旧暦の8月15日に美しい月を眺めながら、秋の収穫物を供えて感謝をする行事です。「十五夜」や「中秋の名月」ともいいます。月見の時には、月見だんごやさといもなどを供えます。月見だんごのつくり方や形、供え方などは地域によって異なります。子孫繁栄の縁起物であるさといもは、きぬかつぎや煮物などにします。

**クイズ** 秋の彼岸に供えるものは？
① おはぎ
② 草もち
③ 鏡もち

正解は①です。秋の彼岸には萩の花が咲くのでおはぎといいます。おはぎとぼたもちは同じものですが、春の彼岸はぼたんの花が咲くのでぼたもちといいます。

### 敬老の日

おじいさんやおばあさんと一緒に食事をしませんか。オンラインでもいいですね。

---

## 9月 食育だより

9月1日は、防災の日です。その日を含む8月30日から9月5日までは、防災週間と定められています。9月1日が防災の日となったのは、1923年9月1日に発生した関東大震災に由来します。この時期は、災害について考えたり、備えたりしましょう。

### 災害に備えましょう
災害はいつ起こるかわかりません。日頃から、常温で保存できるものなどを多めに備蓄しておきましょう。

#### 備えておきたい食料リスト
日頃から利用できる食料備蓄の一例です。

**【主食】**
□米（無洗米が便利）
□レトルトごはん・おかゆ
□アルファ化米
□缶入りのパン
□粉物（小麦粉など）
□乾めん（そうめん、パスタなど）
□もち

**【主菜】**
□肉、魚、豆の缶詰
□カレーなどのレトルト食品
□乾燥豆

**【副菜】**
□野菜の缶詰、瓶詰
□切り干しだいこんなどの乾物
□日持ちする野菜

**【果物・菓子】**
□ドライフルーツ
□果物の缶詰
□チョコレート

**【飲料】**
□水
□茶
□ジュース

**【調味料】**
□砂糖 □塩
□酢 □しょうゆ
□みそ

#### 日常的に備蓄をしよう！
#### ローリングストック法
ローリングストック法とは、普段から少し多めに食品などを買っておき、日常的に食べて、食べた分だけ買い足す方法です。常に一定量の食料を備蓄でき、賞味期限切れによる廃棄も減らせます。また、災害時に食べ慣れているものが食べられます。

多めに備蓄 → 食べる → 買い足す

### Q. 電気・水道・ガスはどのくらいで復旧するの？

**A.** 大規模災害が発生したら、電気・水道・ガスが停止し、利用が困難になります。
阪神・淡路大震災以降に発生した地震災害時の停電被害の復旧にはおおむね1週間程度、都市ガス設備被害の復旧にはおおむね1～2か月程度、断水などの被害の復旧には1か月以上かかっています。電気、水道、ガスのかわりとなるものを多めに備えておきましょう。

#### 地域によって違う 月見だんごいろいろ

十五夜に供える月見だんごは、地域によって違いがあります。関東風は丸い形をしています。関西風は先をとがらせた紡錘形という形をしていてあんこを巻いたものです。静岡県の一部では、だんごを平らにして真ん中をへこませたへそもちをつくり、あんと一緒に食べます。

関東風 　関西風 　へそもち

#### 昔からある保存食 乾物
乾物は、食品を保存させるために乾燥させたものです。乾燥させて保存することは、昔から多くとれた食材を長く食べたり、冬に向けて備えたりするために重要なわざです。非常時にもなる乾物を見直しましょう。

こんぶ 寒天 ひじき 切り干しだいこん 干ししいたけ 凍り豆腐

### 乾物はすごい!!!

わたしたちは地域で目立たない存在……

### ではない!!
常温保存！ 長期保存！
栄養蓄積！

日常的に備蓄して損はなし！

だから かんぶつコーナー
気づいてくれ～！
買ってくれ～！

# 10月の たより

A4判・縦

B4判・横

---

## 給食だより 10月

秋はいもやくり、ぶどう、かきなど、おいしいものがたくさんあり、食欲の秋ともいわれています。おいしいからといって、食べすぎはよくありません。間食をとる時もさまざまなことに注意して、食べるものを選びましょう。

### 間食は何を買いますか

甘いものやスナック菓子、清涼飲料などが多いと、糖分や脂質のとりすぎになります。カルシウムや鉄などの不足がちな栄養素がとれるものを選びましょう。

### 間食は時間と量を決めるべし

間食は、3回の食事でとりきれないエネルギーや栄養素を補うためにとるものです。だらだら食べ続けたり、たくさん食べすぎて3回の食事に影響したりしないようにしましょう。そのため、間食をとる時は食べる時間と量を決めることが大切です。さらに間食の内容にも気を配って、選ぶようにしましょう。

### 食品ロス削減月間 「手前から買う！」で食品ロスを減らそう

10月は食品ロス削減月間で、10月30日は食品ロス削減の日です。食品ロスは、食べられるのに捨てられてしまう食品のことをいいます。調理や食べる時だけではなく、食品を買う時から食品ロスを削減するためにできることがあります。食品を買う時、期限が長いものから取ると、期限が短いものが残り、それが食品ロスにつながってしまいます。奥の方から取るのではなく、手前から買うようにします。

### 家族で取り組む ノーメディアデー

1日テレビやテレビゲーム、スマートフォン（スマホ）に触れない「ノーメディアデー」に挑戦してみませんか。メディアを長時間使うと、視力の低下や運動不足、スマホなどが気になって勉強に集中できないなどのさまざまな影響が心配です。テレビやスマホの電源を消して、家族でお茶などを飲みながらその日にあったことを話したり、家事をしたりして一緒にすごす時間を大切にしてください。休日にみんなで一緒に外出するのもよいでしょう。

### 目や皮膚の健康を保つ ビタミンA

ビタミンAは、皮膚や目の健康を保ち、のどや鼻などの粘膜を細菌から守る働きがあります。魚介類やレバーなどに多く含まれます。体内でビタミンAにかわるβ-カロテンは、緑黄色野菜に多く含まれます。

**ビタミンAやβ-カロテンを多く含む食品**

レバー　かぼちゃ　ぎんだら　にんじん　モロヘイヤ

---

## 10月 食育だより

秋はいもやくり、ぶどう、かきなど、おいしいものがたくさんあり、食欲の秋ともいわれています。おいしいからといって、食べすぎはよくありません。間食をとる時もさまざまなことに注意して、食べるものを選びましょう。

### 間食を選ぶ時は表示をチェック

市販の菓子は、原料名や栄養成分などが書いてあるので、エネルギー量や脂質、塩分量などを確認します。脂質などのとりすぎは、肥満や生活習慣病などの原因になるので、注意が必要です。

### 間食は時間と量を決めるべし

間食は、3回の食事でとりきれないエネルギーや栄養素を補うためにとるものです。だらだら食べ続けたり、たくさん食べすぎて3回の食事に影響したりしないように注意しましょう。だらだら食べるとむし歯になる危険性を高めますし、食べすぎは肥満や生活習慣病の原因になります。そのため、間食をとる時は食べる時間と量を決めることが大切です。さらに間食の内容にも気を配って、選ぶようにしましょう。

### 加工食品に含まれる食品添加物

加工食品には色や香りをつけたり、菌やかびの発生を防いで長持ちさせたりするために、食品添加物が加えられることがあります。食品添加物は、とる量が一定を超えると体に悪影響がありますが、安心してとをとることができるよう基準値が設けられています。いろいろと調べてみましょう。

### Q. 脳には糖分が必要だから勉強しながら菓子を食べてもよい？

**A.** 勉強しながら菓子を食べ続けたり、時間を決めずにだらだら食べ続けたりするのは、肥満やむし歯の原因になります。とりすぎた糖分は、体の中で脂肪として蓄積してしまいますし、時間を決めずにだらだら食べると、むし歯になる危険が高まります。間食は、朝・昼・夕の3食で十分に栄養がとれている時には、必要のないものです。間食をとる場合は、時間と量を決めておき、勉強中に菓子を食べ続けるのはやめましょう。

### 「手前から買う！」で食品ロスを減らそう

食品ロスは、食べられるのに捨てられてしまう食品のことをいいます。調理や食べる時だけではなく、食品を買う時から食品ロスを削減するためにできることがあります。食品を買う時、期限が長いものから取ると、期限が短いものが残り、それが食品ロスにつながってしまいます。奥の方から取るのではなく、手前から買うようにします。

### 10月は食品ロス削減月間

10月は「食品ロス削減月間」、10月30日は「食品ロス削減の日」です。日本は食べ物を大量に輸入している一方で、大量に捨てています。これはとてももったいないことです。

食品ロスを減らすために一人ひとりができることをしましょう。

### 家族で取り組む ノーメディアデー

1日テレビや、スマートフォン（スマホ）に触れない「ノーメディアデー」に挑戦してみませんか。メディアを長時間使うと、視力低下や運動不足などが心配です。テレビやスマホの電源を消して、家族でお茶などを飲みながらその日にあったことを話したり、家事をしたりして一緒にすごす時間を大切にしてください。

# 11月の たより

A4判・縦

B4判・横

---

## 給食だより 11月

わたしたちの食事は、食料を生産する人をはじめ、多くの人の苦労や努力によって支えられています。
11月23日は「勤労感謝の日」です。この機会に、「ありがとう」の気持ちを伝えてみませんか。

### 感謝を込めていただきます！ ごちそうさま！

食事の前後のあいさつには、食べ物の命をいただくことや、食事をつくるためにかかわった人たちへの感謝の気持ちが込められています。心を込めてあいさつをしましょう。

### 感謝を込めて残さず食べよう！

わたしたちの食事は、多くの人がかかわって支えられ、命をいただくことで成り立っています。残すのは命を粗末にすることです。残さずに食べましょう。

### その言葉がうれしい

### 七五三の千歳あめ

七五三の千歳あめには、長寿の願いが込められています。松竹梅や鶴亀などが描かれた袋に、紅白の棒状のあめが入れられています。千歳あめは、子どもの年の数だけ入れてよいとされています。

### 家族の日

11月の第3日曜日は家族の日です。一緒に食事をする時間を増やして家族の時間を大切にしましょう。

---

## 11月 食育だより

わたしたちは食べることでエネルギーや栄養素をとり入れて、生きています。食べることは、ほかの生き物たちの命をいただくことであり、生命のつながりによって成り立っています。食べ物を大切にして、感謝の心を持って食べましょう。

### 11月23日は 勤労感謝の日

「勤労感謝の日」は、「勤労をたっとび、生産を祝い、国民たがいに感謝しあう」日です。食にかかわる人たちへ感謝の気持ちを伝えてみませんか。

### 地場産物を食べて 地産地消！

地域で生産された食材をその地域で消費することを地産地消といいます。生産者の顔が見えるので安心して買えます。また、遠くから輸送しないので、新鮮な状態で手に入り、環境への負担も減らせます。

### 給食はたくさんの人に 支えられている

みなさんが食べている給食は、たくさんの人たちがかかわってつくられています。食材を育てたりとったりする生産者や食べ物を運ぶ運送業者、献立を考える栄養士、献立をもとに調理をする調理員などの働きによって給食は支えられているのです。

### 買うことは応援

ある商品を買うことは、その商品やつくった企業を応援することになります。多くの人がよりよい流通を買い、問題のある商品を買わないことで、商品が改善されたり、企業の姿勢をかえたりすることにつながります。

### 世界に誇れる 和食文化

2013年に「和食；日本人の伝統的な食文化-正月を例として-」はユネスコ無形文化遺産に登録されました。その特徴を右の表で紹介します。無形文化とは、目に見える形では残らないため、わたしたちが日々の食生活を通じて未来へと伝えていくことが重要です。

和食の特徴

| ①多様で新鮮な食材と素材の味わいを活用 | ②バランスがよく、健康的な食生活 |
| --- | --- |
| ③自然の美しさの表現 | ④年中行事との関わり |

### 和食の基本「だし」

こんぶ　煮干し　かつおぶし　干ししいたけ

日本のだしは、お吸い物やみそ汁、野菜の煮物などの和食のベースになります。さまざまなおいしい和食でだしを味わいましょう。

### 和食クイズ

和食クイズに挑戦してみましょう。

1 配ぜんする時のごはんとみそ汁の位置はどっちが右でどっちが左？

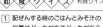

2 調味料を加える順番の「さしすせそ」の「せ」は何？

### 遺伝子組み換え食品って何？

大豆　綿

とうもろこし　なたね

遺伝子組み換え食品とは、ある生物の遺伝子を違う生物などに組み入れてつくった農作物とそれを使った加工食品のことです。体への安全性を心配する考えもあります。国内でおもに流通・消費されている作物は、大豆、とうもろこし、なたね、綿などで、おもに油や飼料に使われています。

# 12月の たより

A4判・縦

B4判・横

---

## 給食だより 12月

寒い時季や空気が乾燥している時には、かぜやインフルエンザなどにかかりやすくなります。かぜなどを予防するには、どうすればよいのでしょうか? 生活習慣をととのえて、冬を元気にすごしましょう。

### 試験前から かぜ予防を!

栄養バランスのよい食事と適度な運動、十分な睡眠・休養をとり、体の抵抗力を高めます。

また、石けんを使った手洗いやうがいを行い、マスクをつけて、部屋の空気の入れかえなどをして、かぜの原因となるウイルスなどが体内に入るのを防ぎましょう。

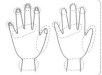

### 石けんを使って手を洗おう

手洗いは手軽にできる感染症予防の一つです。手洗いで洗い残しが多い部分は、指先やつめの間、指の間、親指、手首などです。石けんやハンドソープを使って、手のひら、手の甲、指先とつめの間、指の間、親指、手首をしっかりと洗う習慣を身につけることが大切です。

### ∞∞∞∞∞ 冬至って何? ∞∞∞∞∞

冬至とは、1年の中でもっとも昼が短く、夜が長い日です。次第に短くなっていた日が、冬至をすぎると長くなることから、「太陽がよみがえる日」と考えられていました。冬至にかぼちゃを食べたりゆず湯に入ったりする風習があります。冬至にかぼちゃを食べると脳の血管の病気やかぜを予防するといわれています。

### 大みそかはそばで年越し

大みそかに食べるそばを「年越しそば」と呼んでいます。年越しそばを食べる理由は、細長い形から寿命が細く長くありますようにと願って食べるからなど、いろいろな説があります。地域によってはそば以外のものを食べることもあります。

---

## 12月 食育だより

寒い時季や空気が乾燥している時には、かぜやインフルエンザなどにかかりやすくなります。かぜなどを予防するには、どうすればよいのでしょうか? 生活習慣をととのえて、冬を元気にすごしましょう。

### 試験前から かぜ予防を!

栄養バランスのよい食事と適度な運動、十分な睡眠・休養をとり、体の抵抗力を高めます。

また、石けんを使った手洗いやうがいを行い、マスクをつけて、部屋の空気の入れかえなどをして、かぜの原因となるウイルスなどが体内に入るのを防ぎましょう。

### 石けんを使って手を洗おう

手洗いは手軽にできる感染症予防の一つです。手洗いで洗い残しが多い部分は、指先やつめの間、指の間、親指、手首などです。石けんやハンドソープを使って、手のひら、手の甲、指先とつめの間、指の間、親指、手首をしっかりと洗う習慣を身につけることが大切です。

### 朝型生活の方が成績がいい!?

生活習慣が朝型の人の方が、夜型の人にくらべて、勉強やスポーツの成績がよいという研究結果があります。夜型生活が続くと、疲れやすくなったり、気力や学習意欲が低下したりします。早起き早寝早朝ごはんで生活リズムを朝型にすると、朝から元気に脳と体が働きます。

### 注意! カフェインのとりすぎ

カフェインをとりすぎると、めまいや心拍数の増加、興奮、不安、震え、不眠症、下痢、吐き気などの症状が出ることがあります。子どもは、おとなにくらべて体が小さいことや脳の機能が発達途中なことなどから、カフェインの影響が強く出ます。そのため、カフェインの摂取はなるべく避けるようにします。

### Q. 頭がよくなる栄養素ってあるの?

A. イギリスの研究で、「読み」の成績が低い子どもがドコサヘキサエン酸(DHA)をとったところ、読解力が向上したという結果があります。しかし、一つの栄養素だけをとればよいわけではありません。授業に集中したり、学んだことを脳に定着させたりするには、バランスのよい食事や十分な睡眠などの規則正しい生活習慣を身につけることが大切です。

### ∞∞∞ 冬至って何? ∞∞∞

冬至とは、1年の中でもっとも昼が短く、夜が長い日です。次第に短くなっていた日が、冬至をすぎると長くなることから、「太陽がよみがえる日」と考えられていました。冬至にかぼちゃを食べたりゆず湯に入ったりする風習があります。冬至にかぼちゃを食べると脳の血管の病気やかぜを予防するといわれています。

### 大みそかはそばで年越し

大みそかに食べるそばを「年越しそば」と呼んでいます。年越しそばを食べる理由は、細長い形から寿命が細く長くありますようにと願って食べるからなど、いろいろな説があります。地域によってはそば以外のものを食べることもあります。

# １月の
# たより

A４判・縦

B４判・横

---

## 給食だより　１月

年中行事には、昔から食べ継がれている特別な食べ物があり、それを行事食といいます。行事食は、もともとは神仏に供えて、その後、供え物を下げていただくもの（直会）でした。行事食を食べて１年を健康にすごしましょう。

### 受け継ごう　日本の食文化

地域や家庭に伝わる行事食を知ってつくったり、食べたりしましょう。

| おせち料理 | 雑煮 | 七草がゆ |
|---|---|---|
| おせち料理は、もともと、節日（季節のかわり目）に神様に供えるものでした。今では、正月のみとなりました。おせち料理には、それぞれ意味があり、健康や長寿などの願いが込められています。 | 雑煮は、もともと年神様に供えたその土地の産物ともちを煮たものでした。東日本はおもに角もち、西日本はおもに丸もちを入れます。すまし汁仕立てやみそ仕立てなど、さまざまです。 | 七草がゆは、１月７日の朝に１年の健康を祈って食べます。春の七草は、せり、なずな、ごぎょう、はこべら、ほとけのざ、すずな（かぶ）、すずしろ（だいこん）のことです。 |

### 鏡開きは１月11日

１月11日は鏡開きの日です。お供えした鏡もちを下げてお汁粉にして食べます。鏡もちは、年神様へお供えした神聖なものなので、刃物で切るのではなく、木づちや手などで小さく割ります。

### 全国学校給食週間

**給食が始まったのはいつから？**

日本の学校給食は、山形県鶴岡町の私立忠愛小学校において、明治22年に無償で始まったとされています。その目的は、貧困児を救うためのものでした。

**給食に牛乳が出るのはどうして？**

成長期に骨量を高めることは、骨づくりや骨粗しょう症予防のために重要です。牛乳はカルシウムを豊富に含み、吸収率も優れているため給食に出されているのです。

### 冬に多いノロウイルス

ノロウイルスによる食中毒は冬に多発し、おう吐や下痢などの症状があります。

感染者によって直接または間接的に汚染された食品や、加熱不十分な食品を食べることで感染します。しっかりと手洗いを行って予防しましょう。

---

# １月　食育だより

年中行事には、昔から食べ継がれている特別な食べ物があり、それを行事食といいます。行事食は、もともとは神仏に供えて、その後、供え物を下げていただくもの（直会）でした。行事食を食べて１年を健康にすごしましょう。

### おせち料理のいわれ

正月に食べるおせち料理には、健康や長寿などの祈りが込められています。

| 数の子 | 田づくり |
|---|---|
| 数の子は、にしんの卵です。卵が多いことから、子孫繁栄の願いが込められています。 | 田んぼにこいわしの肥料をまいたことから、田づくりと呼ばれ、豊作の願いがあります。 |
| **黒豆** | **たたきごぼう** |
| まめは、まめに働き（勤勉）、まめに生きる（健康）という願いがあります。 | ごぼうは、根が地中深くに入ることや豊年や息災の願いが込められています。 |
| **こぶ巻き** | **えび** |
| 昔は「ひろめ」と呼ばれ祝儀に用いには、また、「喜ぶ」の言葉にかけた縁起物です。 | えびのように、腰が曲がるまで長生きできるようにとの願いが込められています。 |
| **きんとん** | **伊達巻き** |
| きんとん（金団）には、財宝などの意味があります。金運への願いが込められています。 | 巻物に似た形から文化、学問、教養を持つことを願ったといわれています。 |

### 全国学校給食週間

**給食が始まったのはいつから？**

日本の学校給食は、山形県鶴岡町の私立忠愛小学校において、明治22年に無償で始まったとされています。その目的は、貧困児を救うためのものでした。

**給食に牛乳が出るのはどうして？**

成長期に骨量を高めることは、骨づくりや骨粗しょう症予防のために重要です。牛乳はカルシウムを豊富に含み、吸収率も優れているため給食に出されているのです。

**Q. かびを取り除けばもちを食べてもよい？**

**A.** もちに生えたかびは、目に見える部分だけを取り除いても、目に見えないかびが生えている可能性があります。食品にかびが生えてしまったら、食べずに捨てましょう。

本来は、かびが生えないように、適切に保存して食べきることが大切です。

### 衛生管理のプロ

### 将来の健康のために
### 食品を選ぶ力をつけよう

健康な生活を送るためには、規則正しい食生活が欠かせません。栄養素のとりすぎや不足を避け、栄養バランスをととのえて、正しい知識と情報に基づいて、自分で判断して食品を選ぶ力を身につけましょう。正しい知識と情報を見極められるように、日頃から食品や栄養素、安全面、衛生面に関心を持ちましょう。

## ２月の たより

A４判・縦

B４判・横

---

# 給食だより ２月

食事の役割は、成長や健康のためにエネルギーや栄養素をとることだけではありません。家族や友だちと食事をすることで、人とのつながりを深めたり心が和んだりします。楽しく食事をするためにどんな工夫ができるのでしょうか。

## 目指せ　食事マナーの達人

食事マナーとは、一緒に食べる人にいやな思いをさせないために思いやりの気持ちをあらわすものです。背筋を伸ばして姿勢よく座り、食事の前後には「いただきます」と「ごちそうさま」のあいさつをします。はしや茶わんを正しく持つと、こぼさずきれいに食べられます。何より、みんなで楽しく食べられるように、話す内容や雰囲気に気をつけましょう。

## 節分

節分とは、もともと立春、立夏、立秋、立冬の前の日のことで、季節のかわる節目の日です。現在は立春の前の日だけをいうようになりました。節分には豆まきをします。災いや病気を鬼に見立てて、豆をまくことで追いはらい、福を呼び込みます。「鬼は外、福は内」のかけ声で豆まきをしますが、この時のかけ声は、地域によって違いがあります。

## 大豆は畑の肉

大豆は良質のたんぱく質を多く含んでいるため、「畑の肉」とも呼ばれています。大豆はしょうゆやみそ、豆腐、納豆などの原料として、昔から日本で食べられてきた身近な食品です。

## １日３食　望ましい食生活を

糖分や脂肪分、塩分をとりすぎる生活を続けていると、生活習慣病になりやすくなります。１日３食規則正しく食べ、主食、主菜、副菜をそろえて栄養バランスのよい食事を心がけましょう。

## ファストフード とりすぎに注意しよう

ファストフードを多く利用すると、塩分や脂質のとりすぎにつながります。組み合わせを工夫したり、利用は控えめにしたりしましょう。

---

# ２月 食育だより

食事の役割は、成長や健康のためにエネルギーや栄養素をとることだけではありません。家族や友だちと食事をすることで、人とのつながりを深めたり心が和んだりします。楽しく食事をするためにどんな工夫ができるのでしょうか。

## 目指せ 食事マナーの達人

食事マナーとは、一緒に食べる人にいやな思いをさせないために思いやりの気持ちをあらわすものです。背筋を伸ばして姿勢よく座り、食事の前後には「いただきます」と「ごちそうさま」のあいさつをします。はしや茶わんを正しく持つと、こぼさずきれいに食べられます。何より、みんなで楽しく食べられるように、話す内容や雰囲気に気をつけましょう。

## 食べている時は 口を閉じよう

口に食べ物が入っている時に話をすると、口の中が見えたり食べ物が飛んだりして、周りの人にいやな思いをさせてしまいます。食べている時は話をしないで、口を閉じておきましょう。

## Q. SNSに店の料理写真を 投稿してもよい？

A. 店の事情で撮影を拒否している場合があります。心配な時は店の人に「写真を撮ってもいいですか？」「SNSに投稿してもいいですか？」などと確認しましょう。また、写真の投稿は個人情報がもれないように慎重に扱うことが大切です。

## 節分

節分とは、もともと立春、立夏、立秋、立冬の前の日のことで、季節のかわる節目の日です。現在は立春の前の日だけをいうようになりました。節分には豆まきをします。災いや病気を鬼に見立てて、豆をまくことで追いはらい、福を呼び込みます。「鬼は外、福は内」のかけ声で豆まきをしますが、この時のかけ声は、地域によって違いがあります。

## 大豆は畑の肉

大豆は良質のたんぱく質を多く含んでいるため、「畑の肉」とも呼ばれています。大豆はしょうゆやみそ、豆腐、納豆などの原料として、昔から日本で食べられてきた身近な食品です。

## １日３食 望ましい食生活を

糖分や脂肪分、塩分をとりすぎる生活を続けていると、生活習慣病になりやすくなります。１日３食を規則正しく食べ、主食、主菜、副菜をそろえて栄養バランスのよい食事を心がけましょう。適度な運動や十分な睡眠などのよい生活習慣を身につけることも大切です。

## 生活習慣病って どんな病気？

食事や運動、休養などの生活習慣に深く関係している病気のことで、糖尿病や高血圧症、心臓病や脳卒中などがあります。子どもの頃からの生活習慣が大きく関係しているので、子どものうちから健康によい生活習慣を心がけることが大切です。

## どっちを選ぶ？ ファストフードのメニュー

A
・ハンバーガー
・フライドポテト
・炭酸飲料

B
・ハンバーガー
・サラダ
・お茶

Aのメニューは炭水化物や脂質、塩分が多くなってしまいます。ファストフードを利用する時は、Bのように、フライドポテトをサラダにしたり、ドリンクを炭酸飲料ではなく、お茶や牛乳、野菜ジュースにしたりすると、ビタミンや無機質を補うことができます。

# ３月の たより

A４判・縦

B４判・横

---

## 給食だより ３月

食べ物や栄養が健康と病気へ与える影響を過大に信じることをフードファ
ディズムといいます。例えば、ある食品を食べれば短期間でやせるとテレビ番
組で放送され、その食品が品切れになるのもその一例です。情報は自分で考え
て判断しましょう。

体によい？　体に悪い？

### 食品情報を疑ってみよう

特定の食品を体によいものや悪いもの
と決めつけるのはやめましょう。例えば、
体によいといわれる野菜などは食べて、
悪いとされがちな砂糖や脂質などはとら
ない食生活を送っても、よい食生活にな
るわけではありません。どのような食品
であっても、含まれている栄養素や特徴
を知り、適量を食べることが大切です。

### フェイクニュースに だまされないで！

フェイクニュースとは、うその情報で
つくられたニュースのことです。だまそ
うとして発信しているものもあれば、本
当のことかどうかもわからないうわさ話
が広がったものもあります。友だちに教
えたくなっても、根拠のない情報は広め
たり、インターネット上に書き込んだり
しないようにしましょう。

○○○は
病気に効く

拡散希望

輸入が
ストップ
するらしい

 鍋でごはんを炊こう

災害時に役立つ力

★水は、米の重さの1.5倍、体積の1.2倍です。

①米（一人分80g）をはかって、洗う。
②水をはかって、30分以上吸水させる。
③沸騰するまで強火で加熱し、ふたが動いて
　湯気が出たら中火で5〜7分、水が引いて
　ふたが動かなくなったら弱火で約15分炊く。
④ふたを開けずに約10分蒸らす。

### ３月３日はひな祭り

ひな祭りは、女の子の成長を祝
う年中行事で、桃の節句ともいわ
れています。もともとは、貴族の
子どもの間で行われていた「ひい
な遊び」と中国から伝わった上巳
のおはらい（自分の身がわりとし
て、けがれを移した紙の人形を川
に流す風習）が結びついたもので
す。ひな祭りには、草もちや、ひ
しもち、はまぐりのお吸い物など
を食べる風習があります。

---

 ３月 食育だより

テレビ、新聞、インターネットなどの情報のよしあしを判断し
てうまく活用する力をメディアリテラシーといいます。食情報の
中には、食品を売るためや、視聴率や購読部数を上げるためのも
のもあります。情報を読み解く力を身につけることが大切です。

体によい？　体に悪い？

### 食品情報を疑ってみよう

特定の食品を体によいものや悪いもの
と決めつけるのはやめましょう。例えば、
体によいといわれる野菜などは食べて、
悪いとされがちな砂糖や脂質などはとら
ない食生活を送っても、よい食生活にな
るわけではありません。どのような食品
であっても、含まれている栄養素や特徴
を知り、適量を食べることが大切です。

### ちょっと待って!! ネットの拡散

むやみに情報を拡散するとうそ
の情報を世界に広めてしまう可能
性があります。気をつけましょう。

### インターネットの情報

---

### 食品表示は食品のプロフィール

食品表示にどんな情報があるのかを見てみましょう。

**原材料名**
使用量の多い
ものから表示す
る。

**期限**
賞味期限や、
消費期限が表示
されます。

**保存方法**
保存する時に
注意することが
書いてあります。

#### 加工食品の食品表示例

名称／ロースハム（スライス）
原材料名／豚ロース肉、還元水あめ、大豆たん白、
食塩、卵たん白、乳たん白、調味料（アミノ酸等）、カ
ゼインNa（乳由来）、増粘多糖類、リン酸塩（Na）、
酸化防止剤（ビタミンC）、くん液、発色剤（亜硝酸
Na）、香辛料抽出物
内容量／40g　賞味期限／表面上部に記載
保存方法／要冷蔵（10℃以下）
製造者／○○株式会社○○工場○○県○○市○○

栄養成分表示（1袋40g当
たり）／エネルギー○kcal、
たんぱく質○g、脂質○g、炭
水化物○g（糖質○g 食物繊維
○g）、食塩相当量○g

本商品に含まれるアレルゲン
（特定原材料及びそれに準ず
るものを表示）

卵・乳成分・大豆・豚肉

**栄養成分表示**
食品に含まれる
栄養成分が表示さ
れます。

**アレルギー物質の
表示**
食物アレルギー
の原因となる食品
を含む場合は表示
されます。

### 食品中の放射性物質はどうなっているの？

東日本大震災の東京電力福島第一原子力発電所の事故後、食品に含まれる
放射性物質や体への影響が心配されました。現在は、食品に含まれる放射性
物質は年々減少し、基準値を超えるものはほとんどありません。生産現場で
は、基準値を超えない食品のみを出荷するよう、取り組みを行っています。

### 非常用持ち出し袋に 入れたい食料

非常用持ち出し袋に入れる食料
は、封を切ったらすぐに食べられ
るものにしましょう。おなかを満
たす缶入りのパンやレトルトのお
かゆ、心を満たす果物の缶詰のよ
うかんのほか、水や野菜ジュース
などの飲み物を入れます。

### ひな祭りの行事食

ひな祭りの行事食は、ひしもちや草もち、は
まぐりのお吸い物などがあります。ひしもちは、
赤（桃色）、白、緑のもちを重ねたものです。草
もちには、よもぎが使われていて邪気をはらう
と信じられてきました。はまぐりのお吸い物は、
磯遊びをする風習があったことや、はまぐりが
対になっている貝としかぴったりと合わない
ことから、夫婦円満の意味が込められています。

# 給食だより

# 食育だより

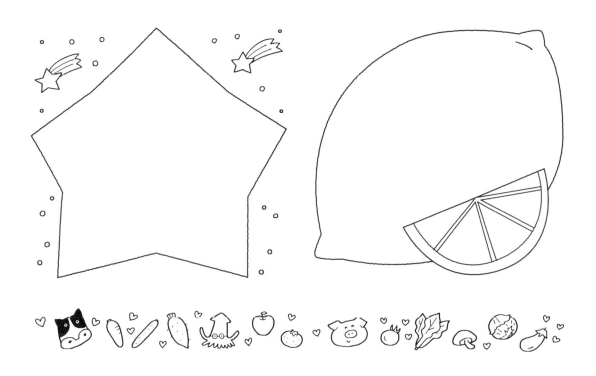

# 食育パズル

食育パズルは、DVD-ROM内に、問いと答えのカラー（ルビなし・ルビあり）、モノクロ（ルビなし・ルビあり）をそれぞれ収録しています。

**食育パズル** ヒントを見て縦に言葉を入れましょう。
太枠の中に言葉があらわれます。

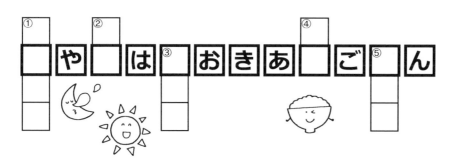

① 朝のあいさつ。
② 田んぼで〇〇かりをします。
③ 野菜を売っている店。
④ 雨が降ったらさすもの。
⑤ 夜空にさく花。

- - - - - - - - - - - - - - - - - - - - - - - - - - - - - - - - - - - - - - - - - - - - - - - - - -

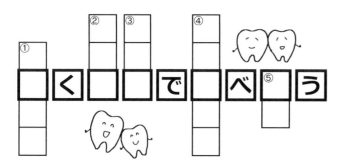

① 金曜日の次は？
② おなかの反対側。
③ 手で皮をむいて食べる果物。
④ まさかりかついで熊にまたがる力持ち。
⑤ 暗くなってきたよ。

- - - - - - - - - - - - - - - - - - - - - - - - - - - - - - - - - - - - - - - - - - - - - - - - - -

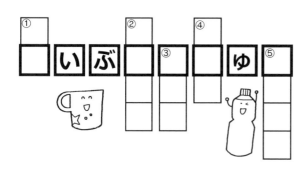

① もちつきに使う道具、きねと〇〇。
② 英語で「キャロット」という野菜。
③ おしりが光る虫。
④ 海水浴に持っていこう。
⑤ ロケットに乗って地球の外へ。

① 写真を撮る道具。
② 洋服などに使われる留め具。
③ スニーカー、サンダル、ブーツなどのこと。
④ 食材を包丁で切る時に下に置くもの。
⑤ 遠足の時などに食べるごはん。

① 大豆からつくったねばねばの食べ物。
② 二分の一のこと。
③ 寒い時に手にはめるもの。
④ 卵の黄身。
⑤ 温かさや冷たさの度合い。
⑥ 体を動かすこと。

① にほん地図と○○○地図。
② 朝に東からのぼって、西に沈む。
③ 夜遅くまで起きていること。
④ フランスの首都。
⑤ 重さの単位。キロ○○○。

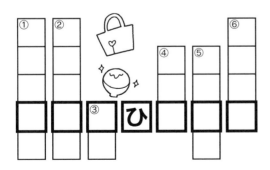

① 学校で授業をする部屋。
② レストランなどの店で食事をすること。
③ いがいがに包まれている木の実。
④ 皿などをふく布。
⑤ 中心に穴が開いたパスタの一種。
⑥ 果物や野菜をしぼった飲み物。

# DVD-ROMの使い方

DVD-ROMの使い方を簡単にご説明します。

※お使いのパソコンのOSやソフトウェアのバージョンによって違いがありますので、詳しくはそれぞれのマニュアルで確認してください。また、パソコンのOSやソフトウェアのバージョンによって、Wordのレイアウトがくずれたり、文章が途切れていたりすることがあります。テキストボックスを広げるなどしてお使いください。

DVD-ROMのファイル内のindex.htmlをダブルクリックするとウェブブラウザーが起動してメニュー画面が表示されます。

メニューは本書のページなどに対応しています。目的のページなどをクリックすると一覧が表示されます。

## ○文例つきイラストカットをそのまま使う

書きかえないでそのままお使いになる場合は、jpg版が便利です

ルビなしjpg版またはルビありjpg版をクリックしてパネルを開きます。右クリックして、「名前を付けて画像を保存」を選択し、デスクトップなどに保存します。保存した文例つきイラストカットをワープロソフトにはりつけます。

・ワープロソフトにjpg版をはりつけた後、文字列の折り返しを変更する

　Wordにはりつけたjpg版をクリックして選択します。「図ツールー書式」タブの「文字列の折り返し」を選び、「前面」をクリックします。

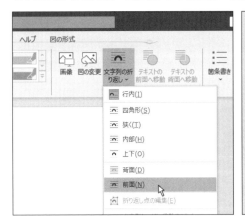 

## ○テキストデータを使って文章を変更する

文章やフォントなどをかえたい場合は、テキストデータが便利です

文例つきイラストカットをはりつけた後、その上からテキストボックスを挿入します。

メニューのイラストカットの下に文例つきイラストカットのテキストがあります。コピーしてはりつけます。

・ワープロソフトにjpg版をはりつけた後、文例の文字を変更する

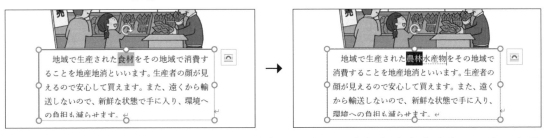

　書きかえたい文字の左端にカーソルを合わせ、クリックしたまま右方向へマウスを動かして選択します（ドラッグする）。そのまま文字を入力すると上書きされます。また、フォントを変更したい場合は、文字をドラッグして選択し、「ホーム」タブの「フォント」から好きなフォントを選んでクリックします。

# DVD-ROMの構成

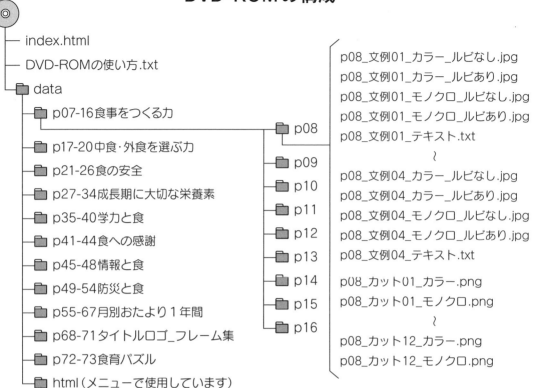

- index.html
- DVD-ROMの使い方.txt
- data
  - p07-16食事をつくる力
  - p17-20中食・外食を選ぶ力
  - p21-26食の安全
  - p27-34成長期に大切な栄養素
  - p35-40学力と食
  - p41-44食への感謝
  - p45-48情報と食
  - p49-54防災と食
  - p55-67月別おたより１年間
  - p68-71タイトルロゴ_フレーム集
  - p72-73食育パズル
  - html（メニューで使用しています）

- p08
  - p08_文例01_カラー_ルビなし.jpg
  - p08_文例01_カラー_ルビあり.jpg
  - p08_文例01_モノクロ_ルビなし.jpg
  - p08_文例01_モノクロ_ルビあり.jpg
  - p08_文例01_テキスト.txt
  ～
  - p08_文例04_カラー_ルビなし.jpg
  - p08_文例04_カラー_ルビあり.jpg
  - p08_文例04_モノクロ_ルビなし.jpg
  - p08_文例04_モノクロ_ルビあり.jpg
  - p08_文例04_テキスト.txt
  - p08_カット01_カラー.png
  - p08_カット01_モノクロ.png
  ～
  - p08_カット12_カラー.png
  - p08_カット12_モノクロ.png
- p09
- p10
- p11
- p12
- p13
- p14
- p15
- p16

## ●ご使用にあたって

DVD-ROMが入った袋を開封しますと、以下の内容を了解したものと判断させていただきます。

■著作権に関しまして

- 本書付属のDVD-ROMに収録されているすべての データの著作権および許諾権は株式会社少年写真新 聞社に帰属します。
- 学校・園所内での使用、児童生徒・保護者向け配布物 に使用する目的であれば自由にお使いいただけます。
- 商業誌等やインターネット上での使用はできません。
- データをコピーして他人に配布すること、ネット ワーク上にダウンロード可能な状態で置くことはで きません。

■動作環境

- DVD-ROMドライブ、またはそれ以上のDVD-ROM の読み込みができるドライブ。
- ウェブブラウザーがインストールされていること。
- Microsoft Word形式（拡張子が～.docx）のファイル を開くことができるワープロソフトがインストール されていること。

- pdfファイルが閲覧できるソフトウェアがインス トールされていること。

■ご使用上の注意

- このDVD-ROMはパソコン専用です。音楽用CDプ レーヤー、DVDプレーヤー、ゲーム機等で使用しま すと、機器に故障が発生するおそれがありますので、 絶対に使用しないでください。
- DVD-ROM内のデータ、あるいはプログラムによっ て引き起こされた問題や損失に対しては、弊社はい かなる保障もいたしません。本製品の製造上での欠 陥につきましてはお取りかえしますが、それ以外の 要求には応じられません。

---

※公共図書館での本の貸出にあたっては、付属のDVD-ROMを図書館内で貸出できますが、館外への貸出はできません。
※DVD-ROM内のデータの無断複製は禁止させていただきます。
Microsoft、Word、PowerPointは、米国Microsoft Corporationの米国およびその他の国における登録商標です。

# さくいん

# 参考文献

「小学生用食育教材 たのしい食事 つながる食育」文部科学省

「食に関する指導の手引－第二次改訂版－」文部科学省

「学校給食衛生管理基準」文部科学省

「早寝早起き朝ごはんで輝く君の未来～睡眠リズムを整えよう！」文部科学省

「日本食品標準成分表2020年版（八訂）」文部科学省

『新しい家庭5・6』浜島京子 岡陽子ほか44名著 東京書籍刊

『わたしたちの家庭科5・6』鳴海多惠子 石井克枝 堀内かおるほか著 開隆堂刊

『技術・家庭[家庭分野]』大竹美登利ほか116名著 開隆堂刊

『新しい技術・家庭 家庭分野 自立と共生を目指して』佐藤文子 志村結美ほか55名著 東京書籍刊

『新しい保健5・6』戸田芳雄ほか33名著 東京書籍刊

『みんなの保健5・6年』森昭三ほか27名著 学研教育みらい刊

『小学 保健5・6年』渡邉正樹ほか15名著 光文書院刊

『つくって食べて未来に伝えていこう！ 坂本廣子のだしの本』坂本廣子著 少年写真新聞社刊

『知ろう！ 減らそう！ 食品ロス①食品ロスってなんだろう？』小林富雄監修 小峰書店刊

『知ろう！ 減らそう！ 食品ロス②食品ロスを減らすには』小林富雄監修 小峰書店刊

『知ろう！ 減らそう！ 食品ロス③食べ物をすてない工夫』小林富雄監修 小峰書店刊

『もっとおいしく、ながーく安心 食品の保存テク』徳江千代子監修 朝日新聞出版刊

『ーいざというときのためのー応急手当ミニハンドブック』加藤啓一監修 少年写真新聞社刊

『NHKきょうの健康 命を守る、救える！ 応急手当[イラスト図解]事典』横田裕行監修 主婦と生活社刊

『戦う身体をつくる アスリートの食事と栄養』田口素子編著 辰田和佳子 長坂聡子著 ナツメ社刊

『見直してみよう間食 肥満や生活習慣病にならないためのおやつ選び』太田百合子著 少年写真新聞社刊

『子育て・子育ちを支援する 子どもの食と栄養』堤ちはる 土井正子編著 萌文書林刊

『誤解だらけの「食の安全」』有路昌彦著 日本経済新聞出版社刊

「食品と放射能Ｑ＆Ａミニ」消費者庁

『小学保健ニュース』No.1045 少年写真新聞社

『もっとキレイに、ずーっと健康 栄養素図鑑と食べ方テク』中村丁次監修 朝日新聞出版刊

『塩分早わかり 第4版』牧野直子監修 女子栄養大学出版部編 女子栄養大学出版部刊

『気になる脂質早わかり』川端輝江監修 女子栄養大学出版部編 女子栄養大学出版部刊

『元気な脳が君たちの未来をひらく 脳科学が明かす「早寝早起き朝ごはん」と「学習」の大切さ』川島隆太著 くもん出版刊

『カフェインの科学－コーヒー、茶、チョコレートの薬理作用－』栗原久著 学会出版センター刊

『和食文化ブックレット3 ユネスコ無形文化遺産に登録された和食 おもてなしとマナー』熊倉功夫 後藤加寿子著 一般社団法人和食文化国民会議監修 思文閣出版刊

『親子で学ぶ スマホとネットを安心に使う本』鈴木朋子著 坂元章監修 技術評論社刊

『情報モラル学習 第2巻 調べて使う・ネットのルール』下村正洋 三田淳司監修 理論社刊

『フードファディズムーメディアに惑わされない食生活』高橋久仁子著 中央法規出版刊

『災害時に役立つ かんたん時短、「即食」レシピ もしもごはん』今泉マユ子著 清流出版刊

『本気で取り組む災害食 個人備蓄のすすめと共助・公助のあり方』奥田和子著 同時代社刊

『別冊うかたま2011年12月号 がんばらなくても大丈夫 台所防災術』坂本廣子 坂本佳奈著 農山漁村文化協会刊

『坂本廣子のつくろう！ 食べよう！ 行事食 ①正月から桃の節句』坂本廣子著 奥村彪生監修 少年写真新聞社刊

『坂本廣子のつくろう！ 食べよう！ 行事食 ②花見からお盆』坂本廣子著 奥村彪生監修 少年写真新聞社刊

『坂本廣子のつくろう！ 食べよう！ 行事食 ③月見から大みそか』坂本廣子著 奥村彪生監修 少年写真新聞社刊

『保健委員会といっしょに 今日からできる 予防のてびき みんなでやろう！ 学校でふせぐ病気やけが』齋藤久美監修 宮野孝一指導 文研出版刊

『Q&Aでわかる 子どものネット依存とゲーム障害』樋口進著 少年写真新聞社刊

『子どものためのスポーツ食トレ 子どもたちに伝えたい！ スポーツ栄養とレシピ』亀井明子監・著 少年写真新聞社刊

『これだけは子どもに教えたい！ 大切なマナーのすべて』NPO法人マナー教育サポート協会著 メイツ出版刊

文部科学省HP　厚生労働省HP　農林水産省HP　消費者庁HP　政府広報オンライン　内閣府HP　国立健康・栄養研究所HP　食品安全委員会HP　「早寝早起き朝ごはん」全国協議会HP　一般社団法人日本電機工業会HP　ほか

## 監修者プロフィール

### 小川万紀子
（お　がわ　ま　き　こ）

博士（栄養学）管理栄養士。女子栄養大学大学院栄養学研究科博士後期課程修了。日本大学歯学部助手、女子栄養大学専任講師、帝京平成大学健康メディカル学部教授を経て、現在、学校法人 古屋学園 二葉栄養専門学校校長、女子栄養大学栄養クリニック特別講師。
『正しいダイエット指導します』女子栄養大学出版部刊、『血液サラサラ健康事典』（食材監修）時事通信出版局刊、『たよりになるね！ 食育ブック①〜⑤』『家庭とつながる！ 新食育ブック ①〜③』（監修）少年写真新聞社刊など多数。

## イラストレータープロフィール

### 櫻井敦子
（さくらい　あつ　こ）

女子美術大学卒業。イラストレーター。『おかえり、またあえたね』東京書籍刊、『たべるってたのしい！ すききらいなんて だいきらい』『家庭とつながる！ 新食育ブック ①〜③』少年写真新聞社刊など多数。児童書を中心に活躍中。

## 家庭とつながる！ 新食育ブック ④食の自立
文例つきイラストカット集【DVD-ROMつき】

2021年8月5日　初版第1刷発行
監　　　修　小川万紀子
発　行　人　松本　恒
発　行　所　株式会社 少年写真新聞社　〒102-8232 東京都千代田区九段南4-7-16 市ヶ谷KTビルI
　　　　　　TEL 03-3264-2624　FAX 03-5276-7785
　　　　　　URL https://www.schoolpress.co.jp/
印　刷　所　図書印刷株式会社
©Shonen Shashin Shimbunsha 2021　Printed in Japan
ISBN978-4-87981-741-9　C3037

スタッフ ■編集 渡辺みずき 吹田萌羽 ■DTP 金子恵美 ■校正 石井理抄子 ■編集長 北村摩理